ÁRTEMIS

Jean Shinoda Bolen

ÁRTEMIS

A Personificação Arquetípica do Espírito Feminino Independente

Tradução

Gilson César Cardoso de Sousa

Editora Cultrix
SÃO PAULO

Título do original: *Artemis – The Indomitable Spirit in Everywoman.*

Texto de acordo com as novas regras ortográficas da língua portuguesa.

1ª edição 2020. / 1ª reimpressão 2022.

Editor: Adilson Silva Ramachandra
Editora de texto: Denise de Carvalho Rocha
Gerente editorial: Roseli de S. Ferraz
Preparação de texto: Alessandra Miranda de Sá
Produção editorial: Indiara Faria Kayo
Editoração eletrônica: Join Bureau
Revisão: Vivian Miwa Matsushita
Capa: Lucas Campos/INDIE 6 Design Editorial

Dados Internacionais de Catalogação na Publicação (CIP)
(Câmara Brasileira do Livro, SP, Brasil)

Bolen, Jean Shinoda
Ártemis: a personificação arquetípica do espírito feminino Independente / Jean Shinoda Bolen; tradução Gilson César Cardoso de Sousa. – São Paulo: Editora Pensamento Cultrix, 2020.

Título original: Artemis
ISBN 978-85-316-1563-4

1. Arquétipo (Psicologia) 2. Mitologia 3. Mulheres – Aspectos psicológicos 4. Mulheres – Aspectos sociais 5. Mulheres – Psicologia I. Título.

20-32666 CDD-305.42

Índices para catálogo sistemático:

1. Mulheres: Aspectos sociais: Sociologia 305.42
Maria Alice Ferreira – Bibliotecária – CRB-8/7964

Direitos de tradução para o Brasil adquiridos com exclusividade pela EDITORA PENSAMENTO-CULTRIX LTDA., que se reserva a propriedade literária desta tradução.
Rua Dr. Mário Vicente, 368 — 04270-000 — São Paulo, SP
Fone: (11) 2066-9000
http://www.editoracultrix.com.br
E-mail: atendimento@editoracultrix.com.br
Foi feito o depósito legal.

Para mulheres e garotas que se identificam com Ártemis.
Para garotas que admiram a Ártemis que existe em outras garotas
e consideram esse arquétipo seu desafio.
Para mulheres nas quais Ártemis pode ser um arquétipo tardio.
Para todas que descobriram o espírito indomável dentro de si.
Ou o amaram em outra pessoa.

Sumário

Introdução

O Espírito Indomável em Todas as Mulheres

(Latim *in* + *dominare* [dominar] = incapaz de ser dominado ou subjugado)

O espírito indomável é um atributo das mulheres que têm Ártemis como arquétipo ativo. Na mitologia, Ártemis é a deusa grega da caça e da Lua, conhecida como Diana entre os romanos. Era a irmã gêmea (nascida um pouco antes) de Apolo, o deus do Sol. Como deusa da caça, percorria os bosques armada de arco e flechas, acompanhada por seus cães de caça, sozinha ou na companhia de ninfas escolhidas por ela. Ajudou a mãe no parto do irmão e era protetora das pré-adolescentes, bem como de jovens animais. Mulheres grávidas pediam-lhe o alívio de suas dores (a *artemísia*, erva que traz seu nome, é usada com essa finalidade pelas parteiras). Não hesitava em ajudar aqueles a quem protegia e castigava quem quer que lhes fizesse mal ou a desrespeitasse. Ártemis é a predisposição arquetípica aos relacionamentos fraternos e igualitários com os homens, o senso de irmandade com as mulheres, a capacidade de atingir alvos distantes ou enfrentar desafios, e a preferência pela natureza em detrimento da cidade.

O livro *Ártemis: A Personificação Arquetípica do Espírito Feminino Independente* fecha um ciclo. Volto à história de Atalanta, que me inspirou a escrever *As Deusas e a Mulher: Nova Psicologia das Mulheres* (*Goddesses in Everywoman: A New Psychology of Women*, 1984), um livro que logo de início se tornou um inesperado *best-seller* e depois um clássico, consagrado pela publicação da edição de seu trigésimo aniversário em 2014. Começou como uma obra peculiar sobre dois rumos da evolução feminina, com o título provisório de *Pathways to Wholeness*. Baseava-se nos mitos gregos de Psiquê e Atalanta, duas mortais (a primeira identificada com Afrodite; a segunda, com Ártemis).

Na literatura junguiana, o mito de Psiquê é o modelo para o desenvolvimento psicológico da psique feminina. Embora se aplique a muitas mulheres, afirmar que é o padrão para todas não me parece ser verdadeiro. Psiquê é uma mortal que ofendeu Afrodite. Grávida e abandonada pelo amante, tenta se afogar e não consegue. Recebe então quatro tarefas, mas de início não é capaz de cumprir nenhuma. Auxiliares simbólicos vêm em seu socorro (cada qual representa um recurso interior que ela ignora possuir) e, à medida que as tarefas vão sendo executadas, Psiquê amadurece psicologicamente. Eu queria encontrar outro mito que se aplicasse a mulheres capazes de assumir desafios, aventurar-se em novas áreas, autodefinir-se e exercer funções ou profissões vistas pela tradição como redutos masculinos – em suma, mulheres que se sentissem à vontade diante dos homens, como amigas e iguais. Encontrei Atalanta.

Meu enfoque se ampliou quando perguntei a mim mesma: e quanto às outras deusas gregas? Então, como que em resposta a essa pergunta, Hera, deusa do casamento, "apareceu" na psique de uma mulher que encarnava o aspecto ciumento dessa divindade. Meu interesse transferiu-se para as grandes deusas em *As Deusas e a Mulher*. Com isso, apenas resquícios da história de Atalanta mantiveram-se ao fim do capítulo sobre Ártemis, e as quatro tarefas de Psiquê foram incorporadas ao capítulo sobre Afrodite.

Meu interesse por Atalanta ressurgiu no verão que antecedeu o início da redação do presente livro, quando lecionei no Instituto C. G. Jung em Kusnacht, na Suíça, pela primeira vez. Kusnacht é a terra natal de Jung, às margens do lago Zurique, e, embora não tenha estudado ali, considero aquele local a "nave-mãe" dos institutos junguianos. Pela primeira vez em mais de uma década, contei o mito de Atalanta, ampliando seu significado, para um grupo de estudantes de vários países. A história adquiriu vida em mim e na sala. Eu me lembrei então por que eu passei a me interessar por Atalanta.

ATALANTA E ÁRTEMIS

Atalanta é uma caçadora e corredora famosa no antigo mito grego de uma mortal que foi rejeitada e abandonada à morte logo após o nascimento. Sobreviveu, narram os contadores de histórias da Antiguidade, porque estava "sob a proteção de

Ártemis". Atalanta exemplifica o espírito indomável de garotas competentes e corajosas, bem como das mulheres nas quais se transformam. Esse espírito indomável as impede de ceder naquilo que reconhecem como verdadeiro para si mesmas. Mulheres assim têm coragem, paixão e persistência para ir longe, sobreviver e vencer.

Garotas e mulheres com espírito indomável são as novas protagonistas de inúmeros romances e séries de ficção de maior público deste século. Surgiram no processo criativo de autores que veem a realidade como uma mescla de invenção e imaginação ativa. Acredito que essas novas heroínas femininas cativam os leitores em razão da ressonância mórfica. Energias e padrões arquetípicos, no inconsciente coletivo, afloram na consciência individual para modificar premissas sobre as mulheres e *nas* mulheres.

Katniss Everdeen é uma Atalanta na trilogia *Jogos Vorazes*, de Suzanne Collins; Lisbeth Salander é o lado obscuro desse mesmo espírito em *Os Homens que Não Amavam as Mulheres* (*The Girl with the Dragon Tattoo*, 2005), de Stieg Larsson. Vejo Atalanta também em Anastasia Steele, personagem principal de *Cinquenta Tons de Cinza*, de E. L. James, que se aventurou pela selva da emoção e da sexualidade. São mulheres que confiam na intuição, na profundidade de sentimentos e na ousadia para ir além dos limites preestabelecidos; que, amedrontadas e ultrajadas, precisam se adaptar e resistir, nunca cedendo nem desistindo. Cada qual tem um espírito que não se curva e uma vontade que não se dobra. Cada qual, à sua maneira, é uma pessoa singular, independente e indômita, percorrendo um território inexplorado – a floresta metafórica, o reino de Ártemis.

Até o Movimento Feminista da década de 1960, a personagem com as qualidades de Atalanta que havia aparecido na ficção era a inquieta, livre-pensadora e temperamental Jo de *Mulherzinhas* (*Little Women*, 1868), de Louisa May Alcott. Jo é a irmã da família March que pretende ter uma carreira profissional, e, quando por fim se casa, é porque fez uma escolha pessoal consciente e refletida. Nos romances, assim como na vida real, o que importa não é o que acontece às pessoas, mas sim o modo como reagem.

Na mitologia grega, Atalanta, a mortal, e Ártemis, a deusa, têm nomes e qualidades similares. Ártemis é a deusa do arco e das flechas de prata, a caçadora que não erra o alvo. Atalanta também é uma renomada caçadora. Assim como Ártemis, sente-se à vontade nas florestas e é associada aos animais, sobretudo à mãe ursa. Mas Atalanta é mortal e, portanto, pode ser vítima de Ártemis ou de qualquer outra divindade do panteão grego. Pode ainda sofrer as consequências de ser mulher no berço do patriarcado.

Na era do feminismo, Atalanta tornou-se conhecida de várias gerações de crianças por meio da obra *Free to Be... You and Me* [Livre para Ser... Eu e Você] (1972), de Marlo Thomas, que penetrou na cultura popular como livro, fita de vídeo e, por fim, um especial para a televisão. O livro transformou-se num clássico infantil. Nessa versão do conto mítico, a princesa Atalanta é uma atleta e astrônoma que promete ao pai se casar com o homem capaz de vencê-la em uma corrida. Atalanta também apareceu como caçadora e corredora em *videogames*, histórias em quadrinhos e na televisão. Tornou-se até brinquedo depois de seu papel como heroína no seriado *Hércules: A Lendária Jornada* (*Hercules: The Legendary Journeys*, 1995-1999).

ARQUÉTIPOS DE DEUSA EM CADA MULHER

As Deusas e a Mulher apresentava uma nova psicologia feminina com base em padrões arquetípicos personificados por oito grandes deusas da mitologia clássica, entre elas Ártemis, o arquétipo da irmã, competitiva, empreendedora e feminista. Todos os arquétipos estão ativos em todas as pessoas – vivenciados em nós, projetados nos outros ou reconhecidos em mitos antigos e filmes modernos. Nascemos providos de dons naturais e traços de personalidade que podem ser estimulados ou oprimidos de acordo com as expectativas da família e da sociedade: o mesmo se aplica ao arquétipo de Ártemis, personificado em Atalanta.

Em 1848, o arquétipo de Ártemis foi citado em Seneca Falls (na cidade de Nova York, Estados Unidos), na Declaração dos Direitos e Sentimentos, origem do Movimento Sufragista, que pleiteava o direito ao voto. Mas foi só em 1920 que as norte-americanas obtiveram esse direito, por meio de uma emenda constitucional. As feministas, de meados da década de 1960 até os anos 1970, enfatizavam a irmandade. Exigiam igual acesso à educação, ao emprego e à profissão; pleiteavam oportunidades para as meninas praticarem esportes; e insistiam nos direitos de reprodução. Graças a esses esforços, obtiveram-se vitórias que se espalharam pelo mundo, mas não houve apoio suficiente para a aprovação da Emenda dos Direitos Iguais.

Mesmo com a libertação de Ártemis, há ainda quem se prenda aos mesmos pressupostos e valores vigentes em culturas nas quais a menina pertence, obediente, ao pai até se casar e depois se torna propriedade do marido. Nesse tipo de cultura, o papel da mulher se limita a cuidar da casa, agradar ao marido e parir crianças do sexo masculino. Ela deve preservar a virgindade até o casamento – ou pelo menos a aparência de virgindade. O sexo não é para seu deleite, e sim para o do marido e para procriação. Quando a virgindade é a garantia do valor e da honra, com o preço da noiva ou o dote dependendo dela, as mulheres não pertencem a si mesmas; não têm soberania nem independência. Quando Hillary Clinton falou na Quarta Conferência Mundial da Organização das Nações Unidas (ONU) sobre as mulheres, em Beijing (China), em 1995, enfatizando que "os direitos femininos são direitos humanos, e os direitos humanos são direitos femininos", chamou a atenção para o fato de que os direitos humanos não se estendem às mulheres – ou seja, a democracia, mesmo onde existe, muitas vezes só se aplica aos homens.

Ártemis encarna o arquétipo da deusa virgem, da mulher psicologicamente íntegra. Ela pode ou não ser virgem em termos físicos; e pode ter qualquer idade. Seu recanto arquetípico permanece autônomo na vida interior, ainda que não consiga se exprimir no exterior. Ela precisa esconder seus sentimentos, pensamentos e fantasias de uma vida diferente até ter idade suficiente para deixar a família fundamentalista liderada por um pai autoritário. Ou então até se juntar a outras mulheres para se expressar ou protestar, como as da Índia, que se insurgiram contra as autoridades indiferentes ao estupro, as que aderiram ao movimento "Um Bilhão que se Ergue" (*One Billion Rising*) e dançaram nas ruas para pôr fim à violência contra as mulheres, ou as que participaram dos levantes da Primavera Árabe.

HISTÓRIAS

Em *Ayla, a Filha das Cavernas* (*The Clan of the Cave Bear*, 1980), de Jean M. Auel, Ayla é uma órfã de 5 anos cujas pessoas na Europa pré-histórica, que não são como ela, toleram-na. O modo como Ayla aprende com a observação e o abuso, adapta-se e sobrevive enquanto planeja seus objetivos, ressurge em histórias de crianças reais, contadas por mulheres que veem em Ayla um pouco de si mesmas.

Em *A Guerra dos Tronos: As Crônicas de Gelo e Fogo* (*Game of Thrones*, 1996), Arya Stark é uma jovem Ártemis solitária num mundo devastado e perigoso. Seu mundo outrora pacífico tinha chegado ao fim, mas não por causa do terremoto que a deixara órfã, como fazem os desastres naturais, e sim em consequência de um conflito armado. Onde há grandes desastres naturais e poucos recursos, ou guerras fratricidas sem fim, como as do Oriente Médio e da África Central, atualmente, ou as da Europa e da Ásia, no século XX, a situação psicológica e os perigos enfrentados por essas garotas da ficção são bem reais para quem perde a família, ficando então sem uma casa para a qual voltar, embora possua o espírito indomável e a vontade de sobreviver a qualquer preço, jamais aceitando o papel de vítima indefesa. Existem, no anonimato para nós, incontáveis garotas e mulheres da vida real que aparentam ser comuns, mas são heroicas. Talvez você se reconheça como uma.

A garota que não desiste de si mesma quando outros lhe negam valor se aproxima do espírito indomável de Ártemis, que é seu arquétipo. Trata-se da mesma fonte de vontade férrea existente naquela que dedica horas e anos para dominar uma habilidade, um esporte ou uma arte que exija dedicação e prática. O arco e a aljava cheia de flechas, que tornam Ártemis reconhecível numa pintura ou escultura, são um símbolo repleto de significado. Acertar com uma flecha um alvo escolhido exige pontaria, intenção, determinação, foco e poder. Você pode abater animais para se alimentar, e aos outros; pode punir inimigos e demonstrar confiança: de modo metafórico, pode cuidar de si mesma.

Quando a paixão e a perseverança se unem dia após dia, a vontade indomável que daí resulta gera energia para ultrapassar limites. Diana Nyad é um impressionante exemplo disso. Tinha 64 anos quando se tornou a primeira pessoa a nadar de Cuba à Flórida, em 2013, conseguindo essa façanha na quinta tentativa, a quarta depois de chegar aos 60 anos. Nadou quase 160 quilômetros, em torno de 53 horas, e o fez em águas infestadas de tubarões, sem gaiola de proteção. Nyad disse ao doutor Sanjay Gupta, na CNN: "Você tem um sonho que não se realiza e toca a vida para a frente. Mas ele continua lá. De repente, está com 60 anos, sua mãe acaba de morrer e você fica procurando alguma coisa para fazer na vida. Então, você se lembra do seu antigo sonho". Enquanto nadava, ela recebeu três mensagens. Primeira: "Nunca, nunca desista"; segunda: "Nunca se é velho demais para tornar um sonho realidade"; e terceira: "Este parece um esporte solitário, mas é coletivo".

Histórias são canais maravilhosos para se veicularem imagens, sentimentos, atmosfera e profundidade, porque levam os leitores ou ouvintes a se identificarem com as personagens, aprendendo com elas. Começamos com nossa própria experiência e fazemos uma conexão; algo soa verdadeiro e ilumina alguma coisa importante que antes não conhecíamos sobre nós mesmos. Quando reflete uma verdade profunda, essa percepção nos liberta. Espero que com este livro os leitores encontrem alimento para a alma a fim de se transformarem nas pessoas que devem ser. Por "leitores", estou me referindo tanto aos homens quanto às mulheres. A capacidade de nos imaginarmos, numa história, a personagem principal, ou mesmo todas as personagens, sem levar em consideração seu gênero, nos faz tomar consciência do masculino e do feminino existentes em todos nós. Essa capacidade nos permite reconhecer qualidades que são humanas, e não baseadas no gênero.

Quando *sentimos* traços pessoais e arquetípicos em conjunto; quando notamos uma conexão entre nós e a história que chama nossa atenção; quando percebemos uma verdade nunca antes observada, esse é o momento do *ahá!* – o momento em que um arquétipo oculto ganha vida. Em mulheres cujos papéis e arquétipos tradicionais de filha, esposa e mãe (Perséfone, Hera e Deméter) coincidem com perfeição com suas expectativas, Atalanta/Ártemis pode permanecer adormecida até o momento em que essa verdade se revelará. Do mesmo modo, uma mulher que tem sido uma Ártemis e nunca quis ser mãe pode, no final dos 30 anos ou início dos 40, sentir que deve ter filhos, caso o arquétipo maternal peça isso à sua psique.

As histórias sobre Atalanta exemplificam as qualidades arquetípicas de Ártemis como deusa da caça. Mas Ártemis é também reconhecida como deusa da Lua, o que sugere uma afinidade com experiências místicas e meditativas, a percepção de energias sutis, além de certa tendência para a reflexão. Esse aspecto lunar existe em ativistas tidos como "místicos não declarados", vistos em *Living with a Wild God* (2014), de Barbara Ehrenreich. Conhecida por seus livros e ensaios sobre política, economia, classes sociais e problemas femininos, Barbara escreveu essa surpreendente memória sobre visões místicas que teve na adolescência, as múltiplas leituras que empreendeu desde então e a ideia que faz de sua realidade pessoal como cientista e ateísta. Ártemis é uma das três deusas da Lua. É o arquétipo da lua em sua fase inicial de crescimento (jovem); Selene é o arquétipo da lua cheia; e Hécate é o arquétipo da lua crescente, na fase final. Observando esses arquétipos e respectivos significados, as mulheres podem vê-los e apreciá-los como etapas do próprio desenvolvimento.

Ártemis, Atena e Héstia compõem uma segunda trindade importante: são as três Deusas Virgens. Como arquétipos, diferem em atributos e valores, mas conservam uma notável qualidade em comum: no íntimo, cada qual é única em si mesma. A estratégia inteligente é o dom de Atena; a introversão é o dom de Héstia.

Atalanta e Ártemis são o meio graças ao qual as leitoras podem mergulhar em sua própria psicologia profunda. Há muitas histórias verídicas de mulheres nestas páginas, bem como exemplos mitológicos e ficcionais daquelas que se parecem com Atalanta. Se Ártemis é um poderoso arquétipo em sua psique, você verá aqui reflexos de si mesma e valorizará as qualidades indomáveis que a amparam. Também poderá descobrir quanto precisa crescer. E ainda: talvez você seja alguém que se imaginou nas histórias de mulheres e garotas indomáveis, mas manteve sufocada essa parte de si mesma. Se esse for o seu caso, é provável que este livro – ou um sonho vívido, ou a sincronicidade – a ajude a reconhecer que possui um espírito indomável em seu íntimo. E, no momento certo, com coragem, você não poderá ignorar a Ártemis que existe em você.

Capítulo Um

ATALANTA, O MITO

As histórias muitas vezes mudam de acordo com a maneira de narrar e o ponto de vista do narrador. Na mitologia grega, havia duas versões do local de nascimento de Atalanta como caçadora famosa: Arcádia (segundo Apolodoro) ou Beócia (segundo Hesíodo). Nas *Metamorfoses* de Ovídio, reuniram-se mitos gregos, recontados em versos latinos. Descrevo Atalanta como originária da Arcádia, porque essa versão traz o relato de seu nascimento, e da maneira como foi abandonada e amamentada por uma ursa.

Também se diz que Atalanta quis participar com Jasão e os Argonautas da busca pelo Tosão de Ouro. Não a aceitaram na expedição porque a presença de uma mulher entre homens seria perturbadora – o mesmo argumento usado para manter as mulheres longe do serviço militar até bem pouco tempo atrás. Mas isso não deteve Atalanta, conforme relata o estudioso clássico Robert Graves em *O Tosão de Ouro* (*The Golden Fleece*, 1944). Conta ele que, enquanto a nau *Argo* se preparava para desfraldar as velas, Atalanta saltou a bordo e, invocando a proteção de

Ártemis (para sua virgindade), reuniu-se aos heróis. Em outra passagem, quando dois centauros tentaram violentá-la, ela os matou a flechadas.

Tomei a liberdade, como contadora de histórias, de combinar elementos de diversos mitos nos quais Atalanta é mencionada, acrescentando certo embelezamento. Por exemplo, quando relato como a ursa a encontrou, incorporo a versão de Bernard Evslin sobre seu encontro com Meléagro em *Heróis, Deuses e Monstros da Mitologia Grega* (*Heroes, Gods and Monsters of the Greek Myths*, 1968). Conto a respeito de seu retorno à Arcádia depois de ter participado da caçada ao javali, a fim de estabelecer continuidade entre essa aventura e a corrida. Eis a história tal qual a decidi contar.

O MITO DE ATALANTA

No reino da Arcádia, o monarca aguarda ansioso o nascimento de seu primogênito. Ao ver que o bebê não é o varão e herdeiro que ele esperava, descarrega sua cólera na filha indesejada, ordenando a um pastor que a leve ao cume de uma montanha próxima e ali a deixe morrer por exposição às intempéries da natureza ou ataque de algum animal selvagem. Assim, Atalanta começa sua vida como uma criança indesejada e rejeitada. Mas o que era para ser o fim de uma existência acaba por se transformar em um começo inusitado.

O pastor faz o que lhe foi ordenado. Carrega o bebê e coloca-o entre as rochas da montanha. Atalanta chora; está faminta, molhada e enregelada. Seu choro atrai uma ursa cuja caverna não é longe. Por curiosidade ou instinto materno, a ursa examina e fareja a criança. Atalanta agarra o pelo do animal: o bebê humano e a mãe ursa criam um vínculo. A ursa leva a criança para sua caverna, amamenta-a, aquece-a. Diz-se que quem enviou a ursa foi a deusa Ártemis.

Os filhotes de urso são pequenos e indefesos quando nascem. Assim como os bebês humanos, não conseguem sobreviver sem os cuidados da mãe. Entretanto, ficam adultos mais depressa, de modo que Atalanta é criada com uma sucessão de "irmãos". Em outra versão do conto, quando aprende a andar, é encontrada por caçadores que passam a criá-la, ensinando-a a falar e a caçar.

Meléagro

Mais ou menos pela mesma época do nascimento de Atalanta, no reino vizinho de Cálidon, outro rei espera ansioso a vinda de seu primogênito. É um menino! Ele recebe o nome de Meléagro, e o acontecimento é comemorado com festas e celebrações.

Pouco depois, uma estranha visitante – Átropos, uma das três Moiras (Destinos) – procura a mãe do recém-nascido. Uma lareira acesa aquece a sala onde a rainha a recebe. Átropos se aproxima do fogo, posta-se diante dele e aponta para um tição que começa a ser consumido pelas chamas. Diz:

– Vês isto? Enquanto ele permanecer intacto, teu filho viverá!

A rainha, de um salto, agarra o tição e apaga as chamas. Enrola-o então num pano, tranca-o num cofre de bronze, e esconde o cofre e a chave. A vida (ou a morte) de Meléagro está nas mãos de sua mãe.

Meléagro atinge a idade adulta. Foi criado para, um dia, ser rei. Os tutores ensinam-lhe tudo o que precisa saber para cumprir esse papel. Sua mãe procura encontrar-lhe uma esposa adequada. Meléagro passa o menor tempo possível no palácio: prefere vagar pelos campos e florestas de Cálidon. De vez em quando, a mãe o aconselha a se encontrar com alguma jovem distinta, de boa família. Mas sempre os esforços da casamenteira fracassam. Meléagro não quer saber de mocinhas frágeis, vaidosas, femininas e tímidas, com as quais nada tem em comum.

– Encontre-me uma jovem – diz ele – que possa sair comigo para as matas, que possa ser minha companheira.

Atalanta e Meléagro

Certo dia, durante uma caçada, Meléagro ouve o rugido de um animal de grande porte e descobre que se trata de um urso – um troféu dos mais valiosos para ele. Com seu braço forte, distende o arco e dispara uma flecha contra o animal. A ferida é grave, mas não fatal. A fera, com dores e sangrando, instintivamente recua em direção à sua caverna, afastando-se de Cálidon. Meléagro a segue para lhe desferir o golpe de misericórdia. Ela se arrasta por entre árvores e arbustos durante horas, quilômetro após quilômetro, perdendo sangue e ficando cada vez mais fraca à medida que o dia declina. Por fim, no sopé de uma montanha, cai ao chão.

Meléagro acaba de desferir o golpe final no urso quando vê uma mulher descendo a montanha em sua direção. Sente-se atraído de imediato. Ela é tudo o que as moças da corte não são.

Bela como nenhuma outra criatura da natureza – bronzeada, cabelos longos, membros fortes, graciosa, atlética. A garota dos seus sonhos!

– Sou Meléagro – apresenta-se. – Matei este urso e lhe darei sua pele como um troféu!

– Sou Atalanta – diz ela. – Este urso é meu irmão, e vou matar você!

Atalanta ataca-o com fúria assassina. Mas Meléagro, encantado, só tem amor no coração. Os dois se igualam em força e lutam por horas.

Em meio ao ar da montanha, com o aroma da relva esmagada sob os pés, ambos transpiram, pele contra pele. Atalanta está tendo uma experiência nova, pois é a primeira vez que luta com um ser humano como ela própria – a primeira vez que sente pele, e não pelo. Quer matar Meléagro; Meléagro quer impedi-la de matá-lo. Enquanto lutam, engalfinhados, a curiosidade e novas sensações vão brotando dentro de Atalanta.

Independentemente do que tenha acontecido em seguida, Meléagro e Atalanta tornam-se um casal. Logo ficam conhecidos por todos. Caçando juntos, formam um belo par, ambos admiráveis em aparência e habilidade. A mãe de Meléagro se irrita ao saber do relacionamento. Atalanta não serve de modo algum para seu filho! Não é ninguém; é apenas uma garota rude, sem família conhecida nem traquejo social. Com certeza, não é uma jovem com os dons necessários para ser rainha algum dia.

Enquanto isso, o rei se vê com um enorme problema nas mãos: um feroz javali que uma deusa ultrajada enviou para devastar suas terras. Ele próprio provocou esse castigo ao negligenciar os ritos anuais em honra de Ártemis. É bem provável que a nova namorada de Meléagro não o preocupe tanto quanto a destruição causada pela fera em seu reino.

A caçada ao javali de Cálidon

O javali é enorme. Com suas presas pontiagudas e curvadas, e as patas poderosas, ele se lança aos campos, destruindo plantações e pisoteando animais domésticos ou mesmo pessoas que não consigam escapar-lhe. Destrói aldeias e ameaça o território inteiro. Ártemis, deusa da caça, moldou o javali com argila e deu-lhe vida para se vingar do rei, que a esquecera enquanto oferecia sacrifícios a outras divindades. Embora esse seja o motivo usual alegado para a cólera de Ártemis, essa cólera pode também ter sido despertada pelo fato de o povo reverenciar Atalanta, uma simples mulher: as pessoas veem Atalanta como se ela fosse Ártemis, e isso ofende a deusa.

Qualquer que seja a causa, é preciso eliminar o javali. O rei convoca os heróis da Grécia para caçar e matar a fera em troca de honra e recompensas. Entre os que respondem ao chamado estão muitos dos bravos que acompanharam os Argonautas de Jasão e mais tarde participaram da guerra de Troia.

Esses heróis se reúnem antes da caçada. Os últimos a chegar são Meléagro e Atalanta. Os demais ficam escandalizados. Embora ela já seja uma caçadora famosa, como uma mulher ousa participar de semelhante aventura? Os homens resmungam, e os tios de Meléagro protestam em altos brados contra a presença de Atalanta, ofendendo-a com palavras depreciativas.

Meléagro toma sua defesa, saca da espada e desafia a todos. O bom senso enfim prevalece, e o grupo é lembrado de que, afinal de contas, está ali para matar a fera.

Esse grupo é numeroso, composto de homens fortes e astuciosos, cada qual ávido por ganhar fama e recompensa pela morte do javali. Alguns são feridos, retalhados ou pisoteados na tentativa. O astuto javali posta-se num local onde os caçadores não podem agir em grupo, tendo de atacá-lo sozinhos ou aos pares. Nenhum deles é capaz de sequer arranhar o animal, porque seu pelo é impenetrável a flechas e lanças.

É então que Atalanta enfrenta o javali, até agora ileso. A fera avança contra ela, os chifres afiados tingidos de sangue, sua presença maciça prestes a esmagá-la. O arco da jovem está distendido, a flecha pronta, o rosto impassível. O javali quase a alcança quando, com pontaria certeira, ela dispara a flecha contra um de seus olhos e a crava em seu cérebro. A fera fica prostrada, mas não morre. É a vez de Meléagro, que brande a espada e desfere o golpe de misericórdia.

O javali está morto! Meléagro tem direito à pele, mas, em vez de a reclamar, entrega-a a Atalanta. O troféu é valioso, e os outros se ressentem do fato de uma mulher o conquistar. Ele não é apenas o símbolo de um grande feito heroico, que trará fama a quem o possuir: a pele pode ser transformada num vestuário macio, quente e... imune a lanças e flechas! Armadura melhor não há.

Os tios de Meléagro ficam furiosos. Um prêmio desses não pode ser dado a uma mulher! Se Meléagro não o quer, então eles – os parentes homens – é que devem recebê-lo, não

Atalanta! Caluniam-na. Um deles tenta roubar-lhe a preciosa pele. Meléagro reage de espada em punho, decepando a cabeça de um e depois de outro. Cessam os protestos.

É hora de voltar ao palácio para comunicar a morte do javali. Todos voltam, menos Atalanta e Meléagro. O rei e a rainha os esperam. Os caçadores trazem boas notícias: o javali foi abatido. E também más notícias: Meléagro matou os tios, irmãos da rainha.

Esta fica sabendo que Atalanta, com uma flecha, foi a primeira a ferir o animal, que depois Meléagro liquidou, dando por isso o troféu à jovem. É informada de que Meléagro se sentiu ofendido pelos insultos dos tios e o desrespeito deles por Atalanta, acabando por matá-los. Isso é demais para ela. Ensandecida pelas notícias, a rainha corre ao local onde escondera o cofre. Abre-o, tira o tição que lhe fora dado por Átropos, ordena aos servos que acendam o fogo... e o atira às chamas.

A morte de Meléagro

Atalanta e Meléagro não voltam ao palácio após a caçada. Ficam juntos no lugar onde mais se sentem em casa, na solidão das matas e colinas. Estão nos braços um do outro quando, de repente, Meléagro emite um grito pavoroso e, encolhendo-se, começa a gemer de dor. O peito fica negro como se tivesse sido queimado, o rosto assume a coloração das cinzas – e ele morre.

Atalanta chora. A natureza é seu único consolo. Em lágrimas, perambula durante semanas por prados e florestas. Então, um dia, resolve abandonar aquelas terras repletas de lembranças de Meléagro e do tempo que haviam passado juntos. Sem ele, não há nada ali que a prenda e ninguém com quem se importe.

Assim, deixa Cálidon e atravessa matas e montanhas a caminho da Arcádia.

A CORRIDA E AS MAÇÃS DE OURO

A fama de Atalanta já chegara ao reino vizinho. Os heróis, ao voltarem da caçada ao javali de Cálidon, falavam sobre sua beleza e façanhas como caçadora. Quando Atalanta regressou ao lar, descrições sobre ela e sua celebridade a haviam precedido. O rei a acolheu e, talvez pela história ou aparência da jovem, descobriu que ela era a filha levada à montanha anos atrás, por sua ordem. Desde então não conseguira ter um herdeiro. Reconheceu Atalanta como filha – uma filha mais célebre e talentosa do que qualquer filho que pudesse ter tido.

Atalanta agora não é apenas bela e famosa: é também a herdeira de um trono. Isso a torna cobiçada, e muitos pretendentes aparecem. Seu pai lhe pede que escolha um deles, pelo bem do reino.

Atalanta não quer se casar com ninguém, mas o pai insiste, e ela por fim concorda. Impõe, no entanto, uma condição: só desposará o homem que a vencer numa corrida. Se ele perder, morrerá.

Muitos, achando que conseguirão superá-la, aceitam o desafio. Atalanta, porém, é veloz e vence corrida após corrida. Homens vêm de longe, perdem e morrem.

Por fim, só resta um homem preparado a disputar com ela: Hipômenes, um pretendente sem nenhuma credibilidade. Todos os outros, aceitando o desafio, achavam que venceriam Atalanta e ganhariam um reino, além de uma esposa bela e famosa. Hipômenes, no entanto, sabe que não pode vencer a corrida. Não é uma figura heroica nem rápido o bastante como corredor. Ainda assim, resolve competir. Seguira Atalanta desde Cálidon. Sabe de seu amor e luto por Meléagro; lamenta o que aconteceu. Ou seja, ama-a.

Na noite anterior à corrida, Hipômenes ora a Afrodite, deusa do Amor e da beleza. Pede que Atalanta também o ame e que haja um meio de vencê-la. Os concorrentes que perderam a corrida (e a vida) tinham orado a outros deuses para derrotá-la e possuí-la, implorando velocidade a Hermes, poder a Zeus ou força a Ares.

Afrodite ouve as preces de Hipômenes e lhe aparece com três maçãs de ouro e alguns conselhos. Ao despertar, o jovem pensa que foi tudo um sonho – até ver as maçãs.

Na manhã seguinte, Atalanta se posta na linha de partida, esperando por Hipômenes. Ele chega. Atalanta já o tinha notado e desejado que não a desafiasse, pois o desfecho seria inevitável. Hipômenes não é páreo para Atalanta na corrida.

Hipômenes se aproxima com as mãos sobre o ventre, para esconder as três maçãs de ouro. Isso deixa Atalanta intrigada e lembra-lhe Meléagro se contorcendo antes de morrer em seus braços. Começa a devanear, afastando a mente da corrida. Assim, quando é dado o sinal, Hipômenes corre o mais rápido que pode, enquanto Atalanta não está preparada. Ao perceber que a disputa começou, adianta-se para alcançá-lo. Quando emparelha com Hipômenes, este deixa cair uma maçã. O movimento da fruta ao rolar pelo chão atrai seu olhar: assemelha-se ao das cabeças que rolaram quando Meléagro se pôs a defendê-la.

A maçã é irresistível. Seu brilho dourado e sua beleza a atraem a tal ponto, que Atalanta tem de parar para pegá-la. Olhando-a, vê o reflexo do próprio rosto, distorcido pelas curvas da maçã.

Enquanto isso, Hipômenes toma a dianteira. Mas Atalanta é tão veloz que logo o ultrapassa de novo. Então, ele deixa cair a segunda maçã, que rola, atravessando o caminho de Atalanta. Esta se detém a fim de pegá-la.

Agora Hipômenes está na frente, com a linha de chegada à vista. Atalanta se apressa e o alcança. Nesse momento, Hipômenes deixa cair a terceira maçã. Se Atalanta a ignorar, vencerá a corrida; se se detiver para apanhá-la, perderá. Abaixa-se então para pegar a maçã, enquanto Hipômenes cruza a linha de chegada. Ele ganha a corrida e a mão de Atalanta. Mas ela aceitará isso?

O SIGNIFICADO DO MITO

O fim da corrida não é o fim da história pessoal para as mulheres que se assemelham a Atalanta. É, antes, o começo da segunda metade da vida. Também não é o fim da história mítica de Atalanta. Há versões do mito que não terminam com a corrida, indo além e contando que Atalanta e Hipômenes foram punidos, transformados numa parelha de leões condenados a puxar um carro divino. A história se aprofunda quando esses eventos são considerados metáforas e interpretados como símbolos.

Atalanta é uma mortal à imagem de Ártemis, mas sua vida sofre a influência transformadora de mais de uma deusa. Graças a Hipômenes, sente a magia das maçãs de ouro de Afrodite. Isso acontece também com mulheres contemporâneas. Todas as deusas são padrões arquetípicos latentes em cada mulher; Ártemis é dominante no primeiro terço da vida, e permanece uma influência poderosa, mas um ou mais arquétipos diferentes às vezes emergem na segunda e terceira fases.

A história de Atalanta tem a força de um grande sonho, com várias camadas de significado. A princípio, sentimo-nos tentados a aceitar a história toda com as imagens que ela evoca, enquanto a lemos. Logo ao primeiro olhar, uma imagem ou detalhe pode prender nossa imaginação. Mitos perenes são semelhantes a sonhos vívidos que as pessoas recordam porque há "alguma coisa" neles. Tocam a psique do sonhador, leitor ou ouvinte, mesmo sem interpretação. Atalanta é mortal e se assemelha a uma mulher de carne e osso que às vezes aparece num sonho, ou na vida, ostentando o arquétipo ou alguma qualidade de Ártemis. Quando isso acontece, a mulher que lembra Atalanta pode se tornar uma combinação de deusa e mortal aos olhos dos outros.

A história de Atalanta assume traços muito pessoais para garotas e mulheres que encontram semelhanças entre as qualidades dela e as próprias – entre sua história e a de Atalanta. Pode também esclarecer experiências muitas vezes difíceis e penosas de homens e mulheres que as amam ou amaram. O relacionamento com uma mulher semelhante a Atalanta, cujo arquétipo dominante é Ártemis, costuma ser bem mais difícil e exigente para os outros do que para ela própria em seu papel de Atalanta. Um ótimo exemplo: o poeta William Butler Yeats, ganhador do Prêmio Nobel, que imortalizou em seus versos, por cinco décadas, o amor imorredouro que sentia pela bela, audaz e feminista revolucionária irlandesa Maud Gonne. Ela se casou com outra pessoa; e ele também se casou com outra pessoa, mas muito mais tarde.

Estudar um mito é mais ou menos como analisar um sonho. Para descobrir ou interpretar um significado, o analista junguiano trabalha com a pessoa que sonhou, amplificando os elementos do sonho. É o que farei aqui com o mito de Atalanta. Os mitos têm o poder dos sonhos coletivos e nos fascinam porque podemos incorporar ou estudar o tema deles.

Capítulo Dois

Atalanta, Ártemis, Mãe Ursa

Mães ursas são protetoras ferozes e nutrizes extraordinárias. Um ótimo conselho para quem vai se embrenhar nas florestas: *nunca* se interponha entre uma mãe ursa e seu filhote! Elas possuem qualidades que as tornam mães realmente boas. Defendem com bravura os filhotes e cuidam deles com zelo. No hemisfério norte, os filhotes nascem nos meses de inverno – quase sempre em janeiro e fevereiro, enquanto a mãe está hibernando. E são menores que os recém-nascidos humanos, pesando cerca de trezentos gramas. Não conseguem abrir os olhos; a mãe os aquece com seu pelo e hálito. Mamam por instinto e crescem rápido graças ao leite rico em gorduras. Só saem no início da primavera, quando já estão grandes e fortes o bastante para andar, correr e explorar os arredores.

A mãe ursa só dorme depois que os filhotes já dormiram. A princípio, eles mamam a cada 10 minutos. São barulhentos, fazendo ruídos semelhantes a resmungos quando estão acordados ou mamando, e berram quando precisam de alguma coisa. A mãe os lava sempre com a língua e lhes oferece as tetas caso não consigam encontrá-las. Depois que deixam a caverna, continua amamentando-os, até o desmame. Então, ensina-lhes quais frutas podem comer, como pegar peixes e caçar. Os filhotes aprendem a subir em árvores para se proteger, quando há perigo no chão. Mas têm pouco a temer quando a mãe está por perto, sendo a exceção os vilões da própria espécie: machos predadores comem ursinhos.

Quando os filhotes já conseguem cuidar de si mesmos, a mãe lhes concede a liberdade. Manda que subam numa árvore, como quando os ensinava a buscar segurança, mas dessa vez não espera por eles. Já têm idade para ser autossuficientes; vão descer e cuidar da própria vida.

Lembro-me aqui de uma mulher que disse ter tomado modelos maternos de animais. Ao ficar grávida, receosa de que o exemplo pouco carinhoso da própria mãe a houvesse contagiado, fez o contrário e mirou-se no exemplo das mães de animais – sobretudo as ursas. Devo acrescentar que o comportamento da mãe dela pode ter sido provocado por "especialistas" masculinos em criação de filhos, segundo os quais não se deve amamentá-los a não ser em determinadas horas, sendo necessário ensiná-los também desde cedo a usar o banheiro, além de não ser conveniente mimá-los, cedendo a seu choro. Nessa época, parecia que só estrangeiras ou mães pobres amamentavam os filhos; mulheres de classes média ou alta não o faziam.

Segundo os tais "especialistas", ser uma mãe moderna competente significava ter uma vontade mais forte que a do bebê. Acalmar um bebê agitado ou amamentá-lo quando ele queria não era permitido. Isso prejudicava tanto a mãe quanto o filho.

O efeito nas jovens mães era oprimir ao mesmo tempo o corpo (fazer o leite secar) e o instinto materno de atender a um bebê em prantos. Fazendo o que lhes ensinavam, elas deixavam de aprender que poderiam, por instinto, distinguir os vários níveis de desconforto dos filhos, podendo assim ajudá-los e tranquilizá-los. Em vez disso, uma geração inteira de mães recebeu lições e mais lições de hierarquia: faça o que os outros mandam; acredite no que eles dizem, e não no que você sente.

O pêndulo enfim se afastou do conceito de "mostre à criança quem é que manda", indo em direção a uma educação mais frouxa, na qual nada deve diminuir a autoestima de uma criança. Nessa versão, uma boa mãe e uma mãe indulgente tendem a se tornar uma coisa só. Não se mima um *filho* dando-lhe carinho e assistência quando ele precisa; mas fazer isso muito depois da infância corrompe o seu caráter. Proteger os filhos de decepções, não lhes prescrever limites nem limitações ou elogiá-los por ninharias prolonga a infância, não sendo uma boa preparação para uma adolescência e uma maturidade responsáveis. É hora de tomar a mãe ursa por modelo!

MÃE URSA: SÍMBOLO DE ÁRTEMIS

A ursa é um símbolo do aspecto protetor de Ártemis. Ártemis protege, em particular, garotas e mulheres. Tem a característica de uma deusa virgem, nunca de uma mãe. Entretanto, é a ela que são consagradas as meninas impúberes, chamadas de *arktoi* – "ursinhas". Durante o ano em que ficavam santificadas sob a proteção de Ártemis, elas escapavam do casamento precoce e das restrições impostas às mulheres em termos de vestuário e comportamento. Podiam brincar como os meninos e sair para a rua – mais ou menos como os "moleques" de 9 a 12 anos.

Relembrando meus verões num acampamento de bandeirantes, percebo que aquelas foram, para mim, experiências de *arktoi*. O acampamento abrigava crianças da área de Los Angeles. Íamos de ônibus para o Big Bear Lake – um terreno precioso para a deusa Ártemis –, onde havia plantações, florestas, montanhas, lagos e rios. Aprendíamos a fazer fogueiras, usar a bússola, dar nós, escavar com canivete e reconhecer constelações, árvores, plantas e animais. Caminhávamos bastante, cantávamos em volta da fogueira, dormíamos sob as estrelas, tomávamos banho de vez em quando, usávamos roupas amarrotadas comuns (exceto pelo boné verde que todos usavam) e guardávamos nossas coisas numa barraca coletiva, quando chovia. Vínhamos de diversos bairros da cidade e das imediações. No acampamento, não precisávamos cultivar a imagem que tínhamos na escola; não perdíamos tempo nos preocupando com o reflexo no espelho nem com o que os garotos pensariam de nós. Aprendíamos sobre nós mesmas e as outras, fazendo confidências. Da primeira vez, nossos pais nos mandavam ao acampamento; depois, íamos por decisão própria. A experiência era proveitosa e divertida porque tínhamos, em comum, o arquétipo de Ártemis – isto é, o arquétipo da irmã. Quando esse arquétipo é ativo numa garota ou mulher, ela vivencia o senso de irmandade e afinidade com causas feministas.

Ártemis é a irmã gêmea de Apolo. Apolo é o deus do Sol, com seu arco e suas flechas de ouro; Ártemis é a deusa da Lua, com seu arco e suas flechas de prata. Chamam-na também de Ártemis *Eleutheria*; é a deusa dos nascimentos e a parteira divina porque ajudou sua mãe, Leto, no mais longo e difícil parto da mitologia. Leto engravidou de Zeus, o deus supremo da mitologia grega, e deu à luz os gêmeos Ártemis e Apolo. Como Hera, esposa de Zeus, se enfureceu com essa gravidez, ninguém quis oferecer a Leto nem abrigo, nem ajuda.

Ártemis foi a primeira a nascer. Em seguida, Hera fez com que Leto sofresse muito e prolongou as dores de seu parto. Mas as divindades não são como os mortais, e a recém-nascida Ártemis tornou-se a parteira da mãe, ajudando-a a expelir Apolo. Em decorrência disso, na Grécia Antiga, as mulheres oravam a Ártemis pelo alívio das dores nessa hora. Hoje, parteiras e mulheres que escolhem a obstetrícia e a ginecologia como especialidade médica, para amenizar o medo e a dor das parturientes, fazem jus a esse aspecto de Ártemis.

Ártemis é a única deusa que vem em socorro das mulheres em outras circunstâncias. Salvou Aretusa de um rapto; defendeu ou vingou a honra da mãe quando um gigante tentou violentá-la e uma mortal a ultrajou. Nessas histórias, Ártemis se mostra uma feroz protetora, como a mãe ursa – ou como ativistas que resgatam garotas traficadas de bordéis, proporcionando cuidados ginecológicos e psicológicos a vítimas de estupro. O mesmo tem de ser dito das pessoas que lideram manifestações pedindo justiça a meninas e mulheres estupradas na Índia, ou das que pressionam o Congresso norte-americano a votar o Ato de Violência contra as Mulheres; que exigem uma

Conferência Mundial das Nações Unidas sobre as Mulheres; e que trabalham de verdade pela igualdade das mulheres, bem como pela proteção de mães e crianças.

O APOIO DA MÃE URSA

Garotas criadas metaforicamente pela mãe ursa podem ser filhas nutridas pela Mãe Natureza. Gostam de animais e encontram paz fora de casa. Sentem-se mais seguras e livres sob uma árvore ou cuidando de cavalos num estábulo do que num lar onde costumam ser negligenciadas e sofrer abusos. Quando descobrem a mãe ursa em seu íntimo e encontram apoio para ser elas mesmas no arquétipo simbolizado por essa fêmea protetora, tornam-se capazes de competir no mundo. O arquétipo de Ártemis ajuda aquelas que, em grau significativo, foram abandonadas e encontraram na natureza ou junto aos animais a família que não tiveram em casa. Talvez também esteja na natureza de Ártemis preferir as florestas e desinteressar-se por ficar em casa, executando tarefas de mulher ou de menina.

Conheci na vida, e em minha experiência de psiquiatra e analista, mulheres que, como Atalanta, foram abandonadas do ponto de vista psicológico e depois criadas por uma "mãe ursa". Vinham de famílias cujos pais as negligenciavam e rejeitavam, quando não abusavam delas emocional ou fisicamente; ou então cujos pais, em razão de doença, morte ou outra circunstância qualquer, não podiam estar sempre presentes. Como resultado, em nível psicológico e espiritual, elas tinham que se virar sozinhas.

Por instinto, mantinham as aparências, estudavam para tirar boas notas e procuravam se destacar nos esportes, agindo como se sua vida em casa fosse normal. Quem possui as características de Ártemis imita de modo espontâneo os exemplos que vê na natureza. Esta dá aos animais uma cor protetora, para que não sejam percebidos facilmente. Quando são feridos ou ficam fracos, eles sabem esconder sua vulnerabilidade a fim de não se tornarem vítimas de predadores.

Gloria Steinem disse de si mesma: "Eu me sentia triste por enfrentar a vida sozinha, trabalhando depois da escola e preocupando-me com minha mãe, que às vezes fugia tanto da realidade a ponto de não saber quem era ela ou quem era eu. Tinha de ocultar esses vergonhosos segredos de família de meus amigos [...] hoje, como então, viro as costas a pilhérias e ao orgulho de sobrevivente" – *A Revolução Interior* (*Revolution from Within*, 1992). Ártemis é o arquétipo que protege a menina obrigada, instintivamente, a disfarçar sua vulnerabilidade durante os anos de colégio.

As meninas que não estão sob a proteção de Ártemis podem exibir sua vulnerabilidade em vez de escondê-la, o que as assinala como prováveis vítimas de agressão ou bodes expiatórios. Há um tempo atrás, a mídia deu atenção a duas garotas de 15 e 17 anos que se enforcaram. É uma velha história: a garota tem de beber sem parar na festinha e desmaia; garotos se revezam transando com ela; seu nome corre pela escola e outros garotos também querem "comê-la". A garota fica conhecida como "puta" e as colegas "honestas" a evitam. Uma nova variação do tema torna tudo pior: enquanto um dos jovens a fode (não é essa a palavra exata?), outros usam o celular para tirar fotos ou gravar vídeos que são postados na internet e circulam por toda a escola. Foi devido a isso que, em desespero, as duas garotas se suicidaram.

Falei sobre essas duas adolescentes suicidas na Pacific Writers Conference em Santa Barbara e ouvi de Donna DeNomme (autora de *Ophelia's Oracle* [2009]) o caso de uma "garota Ártemis" que não aceitou ser vítima e cuja história teve um final bem diferente. O que ela me contou aqueceu meu coração e foi um grande estímulo, porque, na época, eu estava escrevendo *Ártemis* com a intenção de ajudar mulheres a se identificarem com esse mito – as mais jovens, sobretudo.

Donna descreveu a situação num e-mail que me enviou:

> *Uma garota nada popular ficou muito feliz ao receber de uma amiga o convite para uma festa. Mas sua alegria se transformou em terror, porque ela foi estuprada no local. A "amiga" filmou a cena e colocou o vídeo na internet. Quando a vítima chegou à escola, na segunda-feira, os colegas a atormentaram, pois supunham que o ato fora consensual. A garota, traumatizada, que ganhara da avó, meses antes, um exemplar de* Ophelia's Oracle, *relatou que a história de coragem de Ártemis no livro animou-a a processar o estuprador, a garota que filmara a cena e a mãe de um dos adolescentes, que comprara cerveja para a turma e saíra de casa. Disse à avó: "Ártemis aprovaria essa minha ação".*

Quando escrevi *As Deusas e a Mulher*, escolhi, entre figuras públicas, exemplos de cada um dos arquétipos divinos. Gloria

Steinem, fundadora da revista *Ms.* e notável porta-voz do feminismo, era a escolha natural para Ártemis. A preocupação com meninas e mulheres, a competência e a coragem na defesa da igualdade e do empoderamento feminino ilustram com perfeição esse arquétipo. No entanto, Gloria – como todas as mulheres – é muito mais que a personificação de um só arquétipo. Um arquétipo pode ser mais marcante, mas todos os outros são fontes latentes de significado nas mulheres. E nem toda faceta de arquétipo mais marcante precisa ser vivenciada ou sentida em cada mulher. Gloria lembra a mãe ursa quando protege e responde aos pedidos de ajuda das mulheres, mas dificilmente seria considerada uma criatura da floresta.

Julia Butterfly Hill, por outro lado, viveu dois anos numa velha sequoia, exposta aos elementos da natureza, para impedir que uma floresta primitiva do norte da Califórnia fosse derrubada. Ela é o símbolo de ativistas ambientais que incorporam esse aspecto do arquétipo.

Enquanto uma ativista atua ou protesta contra algo que acontece no mundo exterior, o aspecto deusa da Lua do arquétipo de Atalanta explica a capacidade de ponderação – de se abster de atividades, pensar sobre motivação e significado, enxergar sob a luz da lua ou dos reflexos dela. Na selva, o luar ilumina; há mistério e beleza – integração que experimentei como bandeirante nos bosques e que se tornou a fonte da compreensão posterior explorada em meu livro *A Sincronicidade e o Tao* (*The Tao of Psychology: Synchronicity and the Self*, 1982). Dormir sob o céu noturno pontilhado pela Via Láctea, atenta às estrelas cadentes (provavelmente cometas) para expressar um desejo –

tudo isso me preparou para adentrar estados alterados de consciência e reconhecer que eu era parte do universo. Trouxe-me uma certeza interior, antes mesmo que eu tomasse conhecimento do conceito de unidade implícito em todas as manifestações visíveis ou encontrasse uma palavra para ele. Era uma percepção mística – e que, portanto, tinha muito a ver com Ártemis.

Ir para as matas, conviver com animais e livros, ter uma imaginação rica ou alimentar-se da solidão são atividades solitárias que reforçam a autossuficiência – qualidade exigida e fortalecida em garotas que precisam se virar sozinhas por terem pais inadequados, ausentes, despreparados ou abusivos. Ártemis pode estar presente na vida íntima de meninas e mulheres quando não há espaço para a autonomia, a educação ou o protesto no mundo em que vivem. Na esfera interior da imaginação, uma garota pode ser uma heroína; pode ter um lugar na psique pronto a se identificar com as expressões globais do feminismo, tantas vezes condenadas ou ridicularizadas. Ela mantém uma conexão arquetípica com Ártemis mesmo sendo obediente e submissa, ou forçada a se casar cedo. Creio que isso se aplique às mulheres que protestaram durante a Primavera Árabe contra a ditadura e que surpreenderam o mundo com a simples revelação de que existiam.

A VONTADE DE VIVER E AJUDAR A SOBREVIVER

Nos meus anos de estudo da Medicina, ao observar recém-nascidos no berçário, notei que certos traços de personalidade aparecem muito cedo. Alguns bebês se mostram silenciosos e calmos quando tirados do berço; outros protestam aos berros quando se sentem perturbados. Alguns parecem estar sempre dormindo, enquanto outros ficam olhando em volta e permanecem despertos por mais tempo. Há bebês que choram sem parar e outros que quase nunca choram. Os níveis de passividade e atividade diferem muito.

Quando era residente em Psiquiatria, aprendi que os bebês são uma *tabula rasa* (folha de papel em branco) na qual a experiência escreve o caráter e a personalidade. Essa teoria faz as mães se sentirem culpadas de tudo, desde a orientação sexual até as doenças psiquiátricas. O pediatra e psicanalista Donald W. Winnicott, com seu conceito de "mãe suficientemente boa" (*Winnicott Studies*, 1994), ajudou a mitigar o impacto da teoria e diminuiu a pressão sobre as mães; mas elas continuam sendo consideradas as responsáveis, enquanto os pais não são nem elogiados nem criticados. A personalidade singular do próprio bebê quase nunca era mencionada e muito menos levada em conta. Precisei eu mesma ter dois filhos para entender o que as mães sempre entenderam – que, longe de ser uma folha em branco na qual escrevemos, os bebês vêm ao mundo com predisposições e ensinam coisas às mães. Apertam botões na psique delas, extraindo daí aspectos e respostas – para o bem ou para o mal.

A meu ver, meninas e adolescentes que sobreviveram a doenças aparentemente fatais – ou que foram abandonadas logo depois do nascimento e encontradas vivas, ou, ainda, sobreviveram a terríveis agressões físicas – possuem uma vontade de viver inerente ou arquetípica. São animadas por um espírito indomável, uma característica de Ártemis que aparece bem cedo, quando tem de aparecer. Uma impressionante história de sobrevivência, encontrada em *A Garota sem Nome* (*The Girl with No Name*, Chapman *et al.*, 2013), fala de uma menina de 5 anos que se supõe ter sido raptada e abandonada na selva colombiana. Ela se juntou a um bando de macacos-prego, comendo o que eles comiam. Adotada pelo bando, cresceu selvagem, andando de quatro, até ser encontrada por humanos, iniciando-se então outra saga de sobrevivência. O nome de batismo da menina nunca foi descoberto; hoje ela se chama Marina Chapman. Isso me fez pensar que Atalanta bem pode ter sido uma pessoa real, a quem se atribuíram histórias: uma menina que se tornou uma figura mítica após sugar o leite de uma ursa e ser encontrada por caçadores.

PODER PATRIARCAL

A mitologia dos gregos, assim como sua sociedade, era patriarcal. As divindades masculinas detinham o poder e se reservavam territórios. O fato de usar o poder para dominar ou governar os outros era ponto pacífico – e os homens feitos à sua imagem reivindicavam os mesmos direitos. Na mitologia grega clássica, o estupro era tema comum. Zeus, o principal deus do Olimpo, enganava, seduzia, estuprava, engravidava e abandonava as mães de sua numerosa prole.

Os sistemas patriarcais são sempre hierárquicos, simbolizados por uma pirâmide ou montanha, com a posição mais cobiçada no alto. Humanos, animais, plantas, oceanos e minerais são explorados e usados para beneficiar e aumentar o poder de quem está no topo. Travam-se lutas e guerras para se decidir quem ocupará o topo da pirâmide, com destruição de vida, beleza e esperança em todas as zonas de guerra. O estupro é usado como metáfora de cidades e da própria terra; mas, onde há guerra, mulheres são violentadas. Hoje, no Congo, o estupro é usado de forma deliberada como estratégia para se guerrear. Eve Ensler, ao retornar de lá, chamou o patriarcado de "Cultura do Estupro" (*In the Body of the World*, 2013); e isso me leva a pensar em Zeus, no monte Olimpo, como o progenitor simbólico do patriarcado: ele era um estuprador em série.

Com base em evidências arqueológicas, sobretudo a descrita pela arqueóloga da UCLA, Maija Gimbutas (*The Goddesses and Gods of Old Europe*, 1982), temos conhecimento disso. A primeira civilização da Europa, de 6500 a 5000 a.C., era matrifocal, sedentária e pacífica. Seus membros criavam arte e reverenciavam deusas. Ondas sucessivas de invasores do norte e do leste distantes, conhecidos como indo-europeus, ou *kurgans*, conquistaram esses povos antigos. Os invasores, tribos nômades, belicosas e que se deslocavam a cavalo, adoravam deuses celestes. Viam-se como superiores ao povo pacífico e mais desenvolvido culturalmente da Velha Europa, que subjugaram com facilidade. Os deuses e a superioridade masculinos passaram a ser encarados como a ordem natural. Na época histórica em que Atenas se tornou conhecida como o "berço da democracia", o direito de cidadania era concedido apenas aos homens. Os pais tinham poder de vida ou morte sobre os filhos recém-nascidos, ou seja, uma menina indesejada ou um menino com deficiência física eram muitas vezes rejeitados, enquanto uma filha que perdera a virgindade poderia ser vendida como escrava.

As coisas não mudaram muito em algumas partes do mundo. Ainda há lugares em que uma adolescente é vendida em casamento a um homem bem mais velho, que às vezes já tem várias esposas. O marido em perspectiva e o pai da jovem apenas combinam o dote, isto é, o preço da noiva. Acontece também de a filha ser vendida, por um valor combinado, a um traficante de mulheres, que a leva a um prostíbulo. A virgindade dela precisa ser comprovada em ambos os casos, pois o valor da jovem depende disso. Segundo esse código, como a virgem estuprada desonra os homens da família, um irmão, o pai, um tio ou um avô tem direito de matá-la. Essa prática horrenda chama-se "assassinato em defesa da honra". As mães não têm voz ativa no destino das filhas – aliás, nem no próprio destino, pois sua função primária é serem fêmeas parideiras. Quão diferente seria se elas fossem mães ursas!

Em "Sarah Palin, Mama Grizzlies, Carl Jung, and the Power of Archetypes" [Sarah Palin, Mama Grizzlies, Carl Jung e o Poder dos Arquétipos], Arianna Huffington recorreu ao *pundit** político não tão valorizado quanto deveria, Carl Jung, para explicar o apelo de Sarah Palin (*Huffington Post*, 1º de agosto de 2010). Citou "Mama Grizzlies", o vídeo de Palin na internet, compilado de uma série de conferências de Palin, com respostas de impacto.

---

* Pessoa erudita, sábia, autoridade. (N.T.)

> *É como o despertar de uma mãe [...] as mulheres estão se erguendo. Sempre penso nas mamães ursas-pardas que se levantam nas patas traseiras quando alguém ameaça atacar seus filhotes.*

Huffington observa que o povo não está respondendo às posições políticas de Palin, mas ao uso que ela faz dos símbolos.

> *Mamãe ursa-parda se levantando para proteger os filhotes? Isso lembra o "inconsciente coletivo" de Jung – termo que ele usava para descrever a parte da mente inconsciente que, ao contrário do inconsciente pessoal, é partilhada por todos os seres humanos e feita de arquétipos, ou, como ele mesmo diz: "imagens universais existentes desde os tempos mais remotos".*

Na Índia, mulheres saem às ruas para protestar contra o descaso oficial em relação ao estupro; dançam em público para apoiar a manifestação "Um Bilhão que se Ergue", de Eve Ensler, contra a violência sofrida por mulheres e meninas; e o número de organizações não governamentais (ONGs) que defendem o empoderamento e a igualdade para mulheres e meninas aumenta de modo exponencial. Isso significa que mulheres no mundo inteiro estão se erguendo, lideradas por feministas que encontram, em Ártemis e no ativismo da mãe ursa, fontes profundas de significado, mesmo quando tais forças não são nomeadas. Quando são, ouve-se de imediato um *ahá!* de reconhecimento intuitivo, pois se trata de energias arquetípicas encontradas em inúmeras culturas.

GENEROCÍDIO

Quando Atalanta nasceu, seu pai ficou furioso e a rejeitou de um modo horrível. Hoje, o nascimento de uma menina ainda é causa de decepção, ressentimento e cólera. Na China, por exemplo, segundo a política do "um filho por família", os bebês do sexo feminino podem literalmente ser abandonados em estações ferroviárias e outros lugares públicos, onde são recolhidos em orfanatos mantidos pelo Estado. Em áreas rurais, onde o infanticídio é mais comum, meninas recém-nascidas costumam ser afogadas, sufocadas ou abandonadas para morrer de fome, sob a alegação por parte da família de que morreram "no parto" ou pouco depois. O mesmo acontece em certas regiões da Índia.

Em um artigo de jornal de 2011, "Girls Choose Better Names" [Garotas Escolhem Nomes Melhores] (*San Francisco Chronicle*, 23 de outubro), Chaya Babu, de Mumbai, relatou que 285 garotas repudiaram nomes como Nakusa ou Nakushi, que significam "indesejada" em hindi, e adotaram novos nomes para recomeçar a vida. A condição das moças na Índia chamou a atenção quando o recenseamento daquele ano mostrou que a proporção de crianças no país com menos de 6 anos chegara a 914 meninas para 1.000 meninos. Essa proporção indica uma taxa de mortalidade mais alta entre elas devido a abortos de fetos do sexo feminino, infanticídio feminino ou negligência com crianças do sexo feminino.

Em geral, nascem de 103 a 106 meninos para cada 100 meninas. Essa proporção tem se mostrado estável o bastante para revelar uma ordem natural nas mais diversas etnias e culturas, resultando em quase o mesmo número de garotos e garotas – uma vez que, por razões genéticas, os meninos são um pouco mais vulneráveis e têm mais probabilidade de morrer na infância que as meninas. A alteração na ordem natural foi ilustrada com ênfase na capa da revista *The Economist*, de 6-12 de março de 2010, que trazia a palavra *Gendercide* ("generocídio") impressa em tom rosa brilhante sobre fundo preto. Embaixo desse título surpreendente, lia-se a pergunta: "O que aconteceu com 100 milhões de bebês do sexo feminino?". O artigo, bastante sério, concluía que essas meninas tinham sido mortas, abortadas ou negligenciadas a ponto de não sobreviverem. Quando elas não são valorizadas, e os exames pré-natais para determinar o sexo da criança caminham junto com a fertilidade decrescente, sem mencionar o aborto seletivo de fetos femininos, um número desproporcional de meninos sobrevive, desequilibrando a balança. Segundo a Academia Chinesa de Ciências Sociais, em 2020 haverá de 30 a 40 milhões de homens a mais que mulheres na China, devido à preferência por eles. Na Índia, em 2001, 46 distritos apresentavam uma proporção de mais de 125 meninos para 100 meninas.

Mas não é só a taxa de natalidade distorcida que explica o fato de haver menos mulheres no mundo. Há também meninas e mulheres sobrevivendo menos que o esperado. Em países pobres, elas não recebem os mesmos cuidados de saúde e alimentação que os meninos. Na Índia, garotas de 1 a 5 anos têm 50% mais de probabilidade de morrer de doenças evitáveis do que os garotos de sua idade. Mulheres morrem no parto em razão da assistência médica inadequada ou da falta de opção por contraceptivos. A gravidez traz riscos maiores quando a mãe é muito jovem ou está debilitada por engravidar com frequência e se alimentar mal. Registram-se assim óbitos por efeito colateral ou conflitos armados, sobretudo quando o estupro é usado como arma, o que acontece em várias regiões da África. E o estupro se torna um crime sexual ainda mais comum e horrível quando acompanhado de mutilação ou agressões violentas, como ocorre em famílias e comunidades nas quais a vítima é responsabilizada e atirada às ruas.

Especialistas aumentaram a estimativa de garotas desaparecidas de 100 milhões para 160 milhões. Jeni Klugman, diretora de Gênero e Desenvolvimento do Banco Mundial, chamou isso de "feminicídio" em uma palestra nas Nações Unidas, fundamentada em dados do Relatório de Desenvolvimento Mundial para 2012. Segundo esse relatório, 4 milhões de mulheres sucumbem todo ano. Essas, é óbvio, são conclusões tiradas de informações precárias, na esfera do que os leigos chamam de "estimativa" ou "um bom palpite". Entretanto, questionar tais números ou duvidar de sua exatidão às vezes nos leva a ignorar seu impacto humano. Quando transformamos gente em estatísticas inanimadas, nossa reação a elas fica entorpecida. E, quando tentamos absorver esses números impressionantes, perdemos de vista seu verdadeiro significado. Uma solução é diminuir o valor dos números. E se fosse "apenas" 1 milhão, "apenas" 100 mil ou "apenas" 10 mil? Mas e se fossem sua filha, sua netinha ou você mesma? É importante nos colocarmos no lugar de mulheres indefesas, imaginando o horror de sermos raptadas, agredidas, estupradas, vendidas ou lançadas à prostituição por medo ou sofrimento, como ocorre no tráfico humano.

Quando vou a palestras e apresentações patrocinadas por ONGs-ONU (organizações não governamentais reconhecidas pelas Nações Unidas) ou pela Comissão da ONU sobre a Situação das Mulheres, as reuniões em geral tratam de mulheres e meninas. Nesses eventos, mulheres de todos os continentes se juntam para abordar assuntos que lhes dizem respeito. Muitas dessas organizações foram fundadas por mulheres que tinham sido, elas próprias, vitimadas, mas não assumiram o papel de vítimas. Para outras, esse trabalho é como uma vocação – um chamado para ajudar mulheres que sofrem de inúmeras maneiras, em razão do tráfico humano, da aids ou da mutilação genital feminina (MGF). Essa prática bárbara, sancionada pela religião, consiste em extirpar o clitóris e os lábios vaginais (às vezes costurando o que resta e deixando apenas uma abertura para o fluxo menstrual). O objetivo é atestar a virgindade da menina ou mulher entregue em casamento, não raro como uma de muitas esposas. Essa mutilação garante também, é claro, que a primeira penetração se fará em tecido cicatrizado, que a cópula nunca dará prazer e que o parto será difícil. A escritora Alice Walker, vencedora do Prêmio Pulitzer e feminista (ou, como ela prefere, *womanist*, em inglês), incitou a opinião pública contra a MGF ao colaborar no filme *Warrior Marks* (1993), de Pratibha Parmar. Numa entrevista, confrontou os críticos com a seguinte declaração: "Tortura não é cultura!", repudiando o direito de fazer isso com meninas em nome da religião e dos costumes.

HOMENS QUE APOIAM, PROTEGEM E DEFENDEM A IGUALDADE

Numa versão do mito de Atalanta, caçadores que imaginavam estar salvando a menina mataram a mãe ursa. Em outra (preferida pelos leitores que percebem uma conexão entre ursos e Atalanta), os caçadores se deparam com Atalanta quando ela está sozinha na caverna e a levam consigo para seu acampamento. Em ambas as versões, Atalanta é, por algum tempo, criada por homens, com os quais aprende a língua e a proficiência no manejo do arco e da lança. Recebe, sem dúvida, o encorajamento e a aprovação desses homens, absorvendo tudo o que lhe ensinam. Atalanta deve ter se sentido especial, valorizada e amparada durante essa fase da vida, como ocorre com as garotas do tipo Ártemis cujos pais se deleitam com sua coragem e habilidades.

É fácil imaginar Atalanta como uma menina esperta e confiante que, embora pequena, nada fica a dever aos caçadores, insiste naquilo que acha ser verdadeiro e protesta quando algo não lhe parece justo. Homens assim se orgulham de filhas desse tipo. Elas são "as melhores companheiras do papai" ou "queridinhas do papai". Esse tipo de relacionamento quase sempre termina com a aproximação da puberdade, quando chega a hora de manter distância física e emocional da menina que começa a se transformar em mulher. Essa transição pode ser fácil ou tempestuosa, repleta de crises emocionais. A fase de melhor companheira de um pai que é admirado e um bom modelo de influência estimula o senso de reciprocidade, promove a firmeza de caráter e incentiva o aprimoramento de habilidades. Uma garota assim tende a imitar o pai ou a figura paterna naquilo que lhe proporciona essa sensação de orgulho, pois o pai se orgulha dela.

Em *Jogos Vorazes* (Collins, 2008), Katniss Everdeen tem 16 anos quando a trilogia começa. Os melhores momentos da semana para ela é quando escapa com seu pai para bosques, lagos e campinas além da cerca do Distrito 12, que os cidadãos não podem atravessar. Ali, ele a ensina a caçar com arco e flecha, a encontrar comida para a família e a capturar animais para venda. Katniss mescla instinto e habilidade; suas flechas sempre atingem o alvo desejado. Após a morte do pai, ela passa a sustentar sozinha a mãe e a irmã. A mãe se entrega à melancolia e não consegue mais reagir, cabendo então a Katniss cuidar da família.

Atalanta e Katniss se superam como caçadoras, tendo sido ensinadas pelos pais, ou figuras paternas, a ser competentes e a sobreviver por conta própria. Katniss se identifica claramente com o pai, assumindo o papel de provedora e protetora, na medida de suas forças, depois que ele morreu. A mãe não é nenhum modelo, é óbvio. Na verdade, as mães, tanto de Atalanta quanto de Katniss, são seres incapazes. E, embora o pai de Atalanta a rejeite, ordenando que seja deixada no alto de uma montanha para morrer, ambas são as "filhinhas do papai". Mulheres decididas, conseguem agir com presteza, escolhem elas mesmas seus alvos e objetivos, têm foco e habilidade para atingir aquilo em que miram. O mundo delas é fora de casa, pois a casa é a esfera das "filhinhas da mamãe".

Nos Estados Unidos, ao final da década de 1960 e durante a de 1970, grupos de conscientização se tornaram a base do Movimento Feminista. Neles, as mulheres aprenderam sobre sexismo e desigualdade. Decidiram que isso precisava mudar e se encorajaram mutuamente a fazer a diferença. As mulheres partilhavam informação, escreviam, marchavam, testemunhavam, manifestavam-se, invadiam redutos profissionais e territórios antes exclusivos dos homens. A revista *Ms.* chegou às bancas. Casais se esforçavam para estabelecer relacionamentos e famílias igualitários. Como resultado, garotas com as qualidades de Ártemis, em 1970 e depois, podiam às vezes receber a aprovação dos pais no sentido de terem iniciativa e serem confiantes. Meninas inteligentes de 3 anos, com mentalidade própria, tinham permissão para expressar o que queriam e sentiam, sem com isso deixar de receber com satisfação o carinho dos pais. Não mais a "pequenina Muffett, sentada na calçada comendo coalhada; veio uma aranha e ela se assustou"* da canção infantil. Agora, longe de ficar com medo da aranha, essas garotas emancipadas se sentiam livres para investigar e explorar, com profundo interesse, os bichos e as criaturas do mundo exterior. De fato, a pequenina Muffett estava "livre para ser você e eu", e cantava canções para provar isso!

* Trecho da canção infantil "Little Miss Muffetts": "Little Miss Muffet she sat on her tuffet, eating her curds eating and whey. Along came a spider who sat down beside her and frightened miss Muffet away..." (N. do R.)

MANDE NOTÍCIAS, MÃE URSA

Helen Stoltzfus, autora e personagem principal do premiado documentário *Send Word, Bear Mother* [Mande Notícias, Mãe Ursa], baseou esse trabalho na própria história, uma saga que começou com doença e infertilidade. Durante anos, ela consultou vários especialistas, sem sucesso. Apresentando sintomas de fadiga e infertilidade que ninguém conseguia explicar, Helen juntou-se a um grupo de apoio para pessoas com doenças graves e crônicas. Ao fazer um exercício em que ela devia explorar fontes interiores de cura e imaginação, a cética Helen de repente começou a ter uma série de encontros com o espírito de uma mãe ursa-parda que lhe aparecia em sonhos sem ser invocada. Ela considerou essa experiência como visitas poderosas do mundo espiritual, que a convenceram a procurar mais um especialista na tentativa de engravidar.

Esse médico diagnosticou Helen com endometriose – condição em que células integrantes da membrana do útero, em geral expelidas durante a menstruação, podem crescer em qualquer parte do peritônio (espaço onde se alojam os órgãos internos, abaixo do diafragma) – e recomendou cirurgia. Helen se submeteu à cirurgia, mas não parecia haver uma explicação satisfatória para seu caso. Então, começou a investigar as possíveis causas. Aprendeu que toxinas ambientais, sobretudo dioxinas, tinham sido associadas à endometriose. Enquanto isso, as visitas da mãe ursa-parda continuavam, o que a estimulou a aprender tudo sobre as ursas, até mesmo que estas são ameaçadas pelas mesmas toxinas que as mulheres.

O espírito da mãe ursa não abandonava a psique de Helen, convidando-a a ir ao Alasca, onde vivem esses animais. Logo que se recuperou da cirurgia, ela atendeu ao chamado e foi sozinha para o Denali National Park. Não se sentia bem. Os efeitos da fadiga crônica e da cirurgia haviam exaurido suas energias, o que se agravou com a viagem. Chegou, como os doentes que vão a Lourdes, acalentando a esperança de se curar. Tão logo o ônibus entrou no parque, uma mãe ursa-parda, com dois filhotes, atravessou a estrada à sua frente. (Em Denali, os turistas ficam dentro dos ônibus, enquanto os ursos andam com liberdade.) Aquilo foi como ter um impactante sonho acordada para Helen. O real e o simbólico se misturavam. Helen não fazia turismo; fazia peregrinação.

Não fora ao Alasca movida por uma decisão lógica ou prática, mas sim por uma mensagem persistente e persuasiva. O símbolo da mãe ursa aparecera-lhe várias vezes – não apenas em sonhos ou pensamentos, mas também em experiências reais. Helen havia encontrado imagens de ursas em várias formas de arte e em alusões durante algumas conversas. De repente, a ideia ou o símbolo da ursa pareciam estar em toda parte. Então, a necessidade ou o desejo ardente de ver ursas de verdade em seu ambiente natural se tornou incontrolável e levaram-na a Denali. Só depois de ir ao Alasca ela percebeu a conexão entre o que as toxinas haviam feito a seu corpo e o perigo similar que esses venenos ofereciam às ursas – como também às florestas e à própria Mãe Natureza.

O espírito da ursa impeliu Helen a fazer algo com esse novo conhecimento. E ela encontrou meios de expressão em seu trabalho. Escreveu e encenou um monólogo que se tornou a base para o filme *Send Word, Bear Mother*, no qual interpretou o papel principal. Por meio desse filme e do trabalho proveniente de sua jornada interior/exterior, Helen se tornou uma ativista com a missão pessoal de despertar nas pessoas a consciência sobre a ligação entre toxinas, infertilidade e destruição das florestas. E, além disso: engravidou um mês depois de voltar de Denali! Nove meses depois, nasceu sua filha, Lydia.

"Send Word, Bear Mother" foi o cântico de cura de Helen, que o adaptou de uma canção *sioux*:*

Mande notícias, mãe ursa,
Mande notícias, mãe ursa,
Estou passando por maus momentos,
Mande notícias, mãe ursa.

Mande notícias, mãe ursa,
Estou passando por maus momentos.

Os encontros com o espírito da mãe ursa-parda eram marcados por um clima de urgência e autoridade que persistiu até que Helen acatasse a mensagem: ir ao Alasca e ver mães ursas reais. A ursa tomara conta de sua imaginação. O cântico era um pedido para que o espírito da mãe ursa a curasse.

---

* *Send word, bear mother/Send word, bear mother/I'm having a hard time/Send word, bear mother/ Send word, bear mother/I'm having a bad time.* (N. do R.)

Christine é outra mulher que, em sonho, teve um encontro dramático com a mãe ursa. No sonho, seu braço estava preso nas mandíbulas de uma poderosa mãe ursa, que não a largava. Ela não conseguia se desvencilhar e não recebia ajuda dos homens. Depois, viu-se diante da grande estátua de uma mãe ursa com dois filhotes, que ela conhecia bem do Centro Médico da Universidade da Califórnia. No sonho, quando colocou as mãos na estátua, a ursa enfim soltou seu braço.

Em nossa conversa sobre o sonho, Christine, de maneira intuitiva, associou sua obsessão recente por ter um filho com a mãe ursa. Observava mulheres grávidas e mulheres com bebês no colo; pensamentos intrusivos sobre ela própria engravidar vinham-lhe à mente, acompanhados de ansiedade. Christine queria e temia isso. Decidira ser psicóloga. Faltava um ano para se formar, depois do que iniciaria sua carreira. Mas agora a vontade de ter um bebê tornara-se persistente, e ela achou que, se cedesse, sua carreira seria prejudicada. Quando analisamos o que suas mãos pousadas na estátua da mãe ursa poderiam significar, ocorreu-lhe a vívida impressão de que, ao fazer isso, ela prometia alguma coisa. E, depois de prometer, a ursa a deixara ir.

Após essa conversa comigo, Christine foi para casa e contou ao marido sobre seu sonho e o que este significava para ela. Os dois decidiram então que, depois de concluir o último ano de estudo, Christine teria como seu próximo objetivo engravidar. Ambos dividiriam as responsabilidades nos cuidados com o bebê e se ajudariam mutuamente nas respectivas profissões. Com o marido apoiando sua promessa à mãe ursa, os pensamentos intrusivos e obsessivos de Christine desapareceram. A mãe ursa renunciou ao controle que mantinha sobre a psique de Christine depois que esta teve total certeza de que honraria a mãe ursa dentro de si mesma.

URSAS E MULHERES

"Despindo a ursa" é um capítulo do livro *An Unspoken Hunger: Stories from the Field* (1995), de Terry Tempest Williams. Nele, a autora conta histórias e sonhos com ursas, além de anedotas que revelam uma conexão entre mulheres e ursas. Ela escreve:

> *Somos, mulheres e ursas, criaturas paradoxais, dois animais imprevisíveis com certeza: daí nosso mistério. Talvez o medo de ursas e o medo de mulheres residam na recusa a serem domadas, nos impulsos que despertam e nas forças que representam.*

Entre as histórias deste capítulo em particular, há a descrição de um sonho com uma mãe ursa contado por uma amiga de Terry, uma vendedora de livros, a um dos clientes:

> *Sonhei que estava no parque de Yellowstone. Uma ursa-parda, erguida nas patas traseiras, avançava contra mim. Assustada a princípio, comecei a recuar, mas logo um manto de calma se estendeu sobre mim. Caminhei até ela e nos abraçamos.*
> *O homem do outro lado do balcão disse apenas:*
> *– Deixe isso para lá.*

Terry riu: "Por quê? Por que ela deveria deixar para lá o sonho de abraçar uma ursa? Para mim, isso tem tudo a ver com despir-se, expor-se e aceitar o Feminino".

Ela explica:

> *Encaro o Feminino como uma reconexão com o Eu, um compromisso com o aspecto selvagem interior – os instintos, a capacidade de criar e destruir; a ânsia de vinculação e soberania, de interdependência e independência ao mesmo tempo. Ensinaram-nos a não confiar em nossa própria experiência.*

Detalhe interessante, a feroz energia protetora da ursa é um atributo de Ártemis, e não das deusas mães gregas, que não conseguiam proteger nem a si mesmas, nem a seus filhos, dos machos predadores e parceiros abusivos. De fato, na mitologia grega e na história da civilização ocidental, que tanto devem aos gregos, as mulheres nunca foram empoderadas nem igualadas aos homens, por mais olímpica que fosse sua condição. Geia, a personificação da terra, que engendrou toda a vida do planeta, foi vítima dos abusos do marido, Urano, depois que este foi se tornando cada vez mais invejoso da fertilidade da esposa. Quando Urano proibiu que novos seres nascessem, ela sofreu de modo terrível, até que seu filho Cronos emasculasse o pai e o lançasse na parte mais profunda e escura do mundo subterrâneo, tomando-lhe o lugar como deus principal. Reia, a mãe dos olímpicos, sente-se indefesa porque seu marido, Cronos, receando ter um filho que lhe faça o que ele fizera ao pai, engole os primeiros cinco bebês da esposa tão logo nascem. Por fim, na sexta gravidez, Reia embrulha uma pedra em panos e engana Cronos, levando-o a supor que engolira Zeus. Este, uma vez adulto, destrona o pai com a ajuda de aliados. Deméter, mãe de Perséfone, não consegue evitar o rapto e o estupro da filha.

As boas mães humanas refletem o que sentem os filhos: reagem à alegria e à tristeza deles, reconhecem que os sentimentos das crianças têm muita importância. Percebem sua individualidade, sua força, sua sensibilidade. Entre uma mãe saudável e seu filho existe uma reciprocidade e uma receptividade que estimulam o desenvolvimento da inteligência emocional.

Não é assim com as mães ursas. Garotas do tipo Ártemis não raro são bastante independentes, não tendo muita intimidade nem com amigos, nem com parceiros. Forjar laços emocionais é difícil para elas e seus entes queridos. A intimidade vem da identificação, reciprocidade, empatia, compaixão e respeito. A Atalanta adulta pode ser uma mulher que não aprendeu a considerar os sentimentos dos outros e talvez nem conheça os próprios sentimentos e necessidades emocionais. E isso ela não pode aprender com a mãe ursa/Mãe Natureza ou o arquétipo de Ártemis. Isso ela só pode aprender com outros seres humanos.

Capítulo Três

Atalanta e Meléagro

Em franco contraste com a rejeição e a ira do rei da Arcádia pelo nascimento de Atalanta, Meléagro, ao vir ao mundo, é recebido com júbilo e comemorações por todos. (Na verdade, a primeira façanha de Meléagro foi nascer menino.) Mas as expectativas que seu nascimento alimentou também tiveram consequências. Como primogênito de boa linhagem, posição e fortuna, ele adentra um universo de privilégios e, conforme se espera, deve levar adiante a tradição da família.

As presunções sobre quem um recém-nascido vai ser no futuro são feitas por pais, familiares, religião, classes sociais e cultura. Essas presunções podem mudar ou ser desmentidas quando há mobilidade social, educação universal e democracia na época e no lugar em que a criança nasceu. A maioria das pessoas, no mundo de hoje, não tem a oportunidade de fazer escolhas com base em predisposições ou talentos inatos, nem no amor pelo trabalho que escolheram nem no afeto que dedicam a alguém. Isso é ainda mais verdadeiro para filhas criadas em lugares e famílias em que atitudes patriarcais e o fundamentalismo religioso as limitam, mas afeta também filhos que às vezes não são valorizados. Os meninos podem ser mais valorizados que as meninas, podem ter mais chances de educação e, portanto, mais liberdade social – mas eles também precisam se adequar às normas da sociedade. A punição física ou a vergonha moldam o comportamento aceitável em crianças de ambos os sexos.

ABANDONO PSICOLÓGICO

Atalanta foi abandonada no monte Partênio logo após o nascimento para que morresse. A dura realidade é que, ainda hoje, muitas meninas indesejadas têm o mesmo destino. Entretanto, meninos também não gozam às vezes da liberdade de se tornar os homens que gostariam de ser, sobretudo quando nascem príncipes – metaforicamente ou de fato. Meléagro, assim como o príncipe Charles e agora o príncipe William da Inglaterra, deve assumir o papel para o qual veio ao mundo, como acontece hoje em dia com muitos filhos de líderes políticos ou empresariais. Se esse papel não é adequado do ponto de vista psicológico, a criança pode ser abandonada do ponto de vista emocional, alimentando sonhos que não terão importância na psique do adulto. Isso se aplica também a filhos de imigrantes que gozam de grandes oportunidades e, portanto, precisam atender altas expectativas. E costuma se aplicar também ao filho cujo objetivo é se tornar o atleta bem-sucedido que o pai queria ter sido. Quando filhos com inclinação para a arte, música ou trabalhos manuais nascem no seio de famílias em que o importante são as realizações intelectuais ou financeiras, muita vezes acabam renunciando a seus mais caros interesses para ser aceitos ou valorizados.

Desenvolvi o conceito de "criança abandonada" no livro *O Anel do Poder* (*Ring of Power*, 1992). A criança interior é um arquétipo para o filho ou a filha forçados a ser uma extensão das necessidades, ambições e decepções dos pais. Ela não é vista como um indivíduo que veio ao mundo para viver a própria vida. Vê-se essa situação na história de três gerações de uma família disfuncional em *O Anel do Nibelungo* (*Der Ring des Nibelungen*), de Richard Wagner, nome dado ao conjunto de quatro óperas: *O Ouro do Reno*, *A Valquíria*, *Siegfried* e *O Crepúsculo dos Deuses* (*Das Rheingold*, *Die Walküre*, *Siegfried* e *Gotterdammerung*), situação que aparece também na vida de pessoas com uma dinâmica familiar parecida. Nessa vigorosa história arquetípica, enriquecida por uma música magnífica, Votã é a contraparte de Zeus. Decide o destino dos filhos, prescreve os papéis deles e valoriza-os como instrumentos para a aquisição do anel do poder que ele cobiça.

No mundo atual, o anel do poder pode simbolizar dinheiro, fama, poder político, prestígio, derrota de um rival, triunfo sobre um inimigo ou ambição de conquista e aceitação, além de riqueza. Foi o caso de Joseph Kennedy, pai fundador de uma família considerada, durante algum tempo, o equivalente norte-americano de uma linhagem real.

Os filhos de Joseph Kennedy foram educados para ser presidentes dos Estados Unidos. Desse modo, deviam adquirir poder e responsabilidade em doses superiores em relação àqueles que olhavam de cima a origem imigrante, irlandesa e católica de seu pai. O filho mais velho, Joe, era quem deveria dar esse prêmio a Joseph, mas morreu na Segunda Guerra Mundial. Coube então ao filho seguinte na sucessão, John F. Kennedy, que não tinha pendor natural para isso, prosseguir com a missão. Depois que John foi eleito e assassinado, seu irmão mais novo, Robert, se encarregou de dar o prêmio ao pai. Mas, durante a campanha para a presidência, ele também foi assassinado.

Em lares governados por pais ambiciosos, os filhos aprendem que a aprovação é condicional: depende de se adequarem às expectativas familiares. E a pressão pode vir tanto do pai quanto da mãe. O que importa é o sucesso, quer se manifeste por meio de amigos, escolas, esportes ou notas. A impressão causada pelos filhos tem de se refletir nos pais, para saciar a ambição destes. As expectativas vão desde frequentar boas escolas ou clubes até fazer um casamento vantajoso. Quando a psique dos filhos se concentra em conseguir a aprovação ou a realização das ambições dos pais, eles perdem aquilo que de fato lhes importa pessoalmente. O que seria fonte de alegria e satisfação é esquecido ou não se desenvolve.

Coisa semelhante acontece quando as crianças são instruídas a não se lamentar por pessoas ou animais de estimação que desaparecem de sua vida. Pode ser uma babá ou um empregado doméstico que dedicaram mais tempo e amor à criança do que qualquer outra pessoa; pode ser o amiguinho da vizinhança que se mudou; ou alguém especial que se desentendeu com o pai e agora não os visita mais. Essa pessoa era importante, mas a criança não pode mencioná-la nem sentir saudades dela. Mais tarde, o adolescente é induzido a repudiar um amigo inadequado do ponto de vista social e, assim, desmentir o próprio pendor para a amizade e o convívio. Quando os sinais de uma personalidade em formação são oprimidos, por medo de desaprovação ou humilhação, as crianças perdem contato com as próprias ideias, interesses e preferências, passando a silenciar vozes contrárias em seu íntimo. Em consequência, a "criança abandonada" de hoje continuará viva no adulto de amanhã.

MELÉAGRO, HERÓI GREGO

Menino e moço, Meléagro se enquadra bem em sua posição, cultura e época. É um garoto fisicamente ativo que se interessa sobretudo pela caça. Seu orgulhoso pai manda que lhe façam arcos, flechas e lanças em miniatura; e Meléagro treina horas a fio, aprimorando-se como caçador. Príncipe que é, acompanha os amigos do pai nas caçadas, tornando-se, em tenra idade, proficiente nessa prática. O fascínio obsessivo pela perfeição parece se manifestar em meninos com aptidão inata para um esporte (hoje em dia, poderíamos incluir também o *videogame*) e a habilidade de se manter concentrado por um grande período. Alguns esportes – golfe, tênis, esqui, surfe, *mountain biking*, mergulho – exigem ao mesmo tempo dedicação e acesso a equipamentos e instalações. Outros implicam o risco de lesões físicas a cada aumento no grau de dificuldade ou complexidade: manobras de *skate* radicais, por exemplo. Assumir riscos exige coragem (ou imprudência), coisa que têm em abundância jovens identificados com o modelo do herói ou sem nenhum senso da própria mortalidade. Meninos e rapazes considerados especiais podem depois ser motivados pela aprovação dos pais ou figuras paternas.

Na Grécia Antiga – assim como hoje em algumas partes do mundo patriarcal não industrializado e em desenvolvimento, bem como nos esportes competitivos –, a aprovação e a fama vinham das façanhas físicas. Jovem ainda, Meléagro é conhecido como o melhor caçador da Grécia. Seus troféus são peles de animais, suficientes para forrar o chão do imenso palácio onde vive. Seus talentos naturais, sua bravura e habilidade na caça são muito admirados. Responde ao convite de Jasão para integrar a expedição dos Argonautas, que velejará em busca do Tosão de Ouro, aventura que atraiu heróis, semideuses e nobres de toda a Grécia. A glória advinda das proezas será o prêmio. A *Argo* era a maior e mais sofisticada nau já construída. A deusa Atena fixou na proa uma haste feita de um dos carvalhos falantes do bosque de Dodona, onde Zeus tinha seu oráculo. As listas dos cinquenta heróis que participaram dessa expedição mitológica, ocorrida uma geração antes da guerra de Troia, diferem; mas alguns nomes que delas constam são os dos pais de diversas personagens da *Ilíada*.

MELÉAGRO E SUA MÃE

Quando Átropos ligou a sorte de Meléagro à ponta em chamas de um tição, deu à mãe do herói o poder de controlar seu destino. A biologia e a psicologia da infância, do mesmo modo, concedem a uma simples mortal – muitas vezes jovem – o poder de vida ou morte sobre seus filhos. A sobrevivência de um recém-nascido depende de cuidados maternos básicos. Nas primeiras semanas e meses, entre esses cuidados está o contato amoroso da mãe. Na faculdade de Medicina, aprendi que bebês separados das mães para escapar dos bombardeios de Londres sofriam de depressão anaclítica e morriam, embora lhes fosse ministrada toda a assistência necessária. Eram mantidos aquecidos e alimentados, trocavam-se suas fraldas – mas muitos não sobreviviam. Ao que parece, bebês que não são pegos no colo nem são acariciados; que não ouvem a voz da mãe nem sentem seu corpo ou hálito podem morrer por falta de dedicação materna. Ou poderíamos simplesmente dizer: podem morrer vítima de um coração partido.

Problemas de crescimento são um diagnóstico comum para bebês e meninos abaixo do peso ou apáticos. Muitos deles foram negligenciados por mães que são, elas próprias, um tanto infantis, que sofreram de prolongada depressão pós-parto ou têm tantos filhos que não conseguem cuidar de mais um. Não bastasse isso, há crianças (em sua maioria meninas) que não foram vacinadas contra doenças comuns nem levadas ao médico quando doentes. Elas morrem de doenças facilmente tratáveis ou sofrem de subnutrição, em especial nos casos em que a pobreza ou a mentalidade patriarcal decidem quem da família vai comer.

Não importa a circunstância, a mãe *é* o ambiente do bebê. Quer ela cuide ou não dele. Seu tamanho, em comparação com o do filho, é enorme. Todo-poderosa, pode dar ou negar qualquer coisa. Encarna a Grande Mãe num mundo pré-verbal – um arquétipo no inconsciente masculino que explica em parte os esforços dos homens para controlar as mulheres e o medo irracional que sentem delas. Assim, o poder sobre a vida de Meléagro que Átropos concede à mãe dele é bastante real logo após o nascimento e durante a infância dos seres humanos.

Porém, à medida que os meninos crescem, o poder de vida ou morte das mães se torna mais metafórico que real, relacionando-se, de maneira primordial, ao desenvolvimento da vida emocional. Alice Miller, no livro *O Drama da Criança Bem-Dotada* (*The Drama of the Gifted Child*, Basic Books, 1981), explica que os meninos aprendem a dar atenção às necessidades emocionais das mães e a reagir de modo a acalmá-las, mas à custa dos próprios sentimentos. Aprendem a agir de acordo com o humor e as urgências das mães. Uma mãe ferida em seu narcisismo quer que seu garotinho seja seu espelho, não que a desafie ou tenha sentimentos próprios. O pai ausente ou distante em termos emocionais, quase nunca disponível para a esposa ou o filho, pode se tornar cúmplice no estímulo a um relacionamento emocionalmente incestuoso que assume a configuração metafórica da Grande Mãe/Filho Amante, considerada uma fase nas religiões pré-patriarcais, além de um vínculo arquetípico.

É importante que certas mães e certos filhos reconheçam esse padrão a fim de mudá-lo. Talvez Meléagro não tenha achado necessário fazê-lo, pois vivia desde o início entre homens e rivalizava com eles. Garotos como Meléagro voltam-se ao mundo exterior, interessam-se mais por coisas que por pessoas – e gostam de competir. Quando fisicamente aptos e atléticos, entregam-se aos esportes. O arquétipo de Apolo se aplica bem a Meléagro. O deus do Sol é o filho favorito de Zeus e irmão gêmeo de Ártemis; encarna a atitude masculina que observa, prefere o pensamento ao sentimento, compete usando a inteligência e busca sempre a excelência no que faz. Em resumo, uma pessoa dotada de disciplina inata para dominar o que precisa ser dominado quando se trata de atingir um objetivo ou vencer. Meléagro não será um "filhinho da mamãe" – não ficará sempre a seu lado, atento mais aos sentimentos dela que aos próprios; ainda assim, porém, se tornará uma extensão das ambições sociais da mãe, por meio dos planos que ela lhe traçou.

Meléagro, ao atingir a idade adulta, já preencheu sem problemas as expectativas do pai. Mas a mãe tem também suas expectativas e necessidades, às quais ele deve dar atenção. Terá de desposar uma jovem que a mãe considere apropriada, escolhida de preferência entre as donzelas que ela selecionar. Num patriarcado, as mulheres dependem de seu relacionamento com homens: gozam de *status* por serem filhas de alguém, antes de se tornarem esposas e depois mães. Quando ficam viúvas, sua importância diminui de imediato, embora, pelo menos na Grécia Antiga, não fosse exigido que se unissem aos maridos mortos na pira funerária. Num sistema assim, o que importa é o relacionamento da mãe com o filho. Então, é importante que a nora se mostre respeitosa, se não agradecida, para com a sogra.

A ambição assume diversas formas. Quando as mulheres não podem aspirar ao poder ou ao prestígio, projetam suas ambições nos filhos ou maridos. Os filhos são moldados para se tornarem os homens que as mães queriam ser. Desde o Movimento Feminista, é possível para elas ter êxito em quase todos os campos ou profissões. Essa realidade evoca o famoso comentário de Gloria Steinem: "Estamos nos tornando os homens a quem devíamos desposar".

O fato de muitas mães ainda viverem por intermédio de seus filhos é uma verdade. Isso acontece em todas as classes, mas em particular nas famílias de imigrantes e no topo da escala social. A classe social e as fortunas herdadas aumentam a probabilidade de que uma mulher casada aja como esposa e mãe em tempo integral, mesmo sendo mais brilhante e capaz do que o marido. Uma mulher desse tipo pode ter as ambições frustradas, sobretudo quando o marido se mostra um fracassado em comparação com os pais mais bem-sucedidos da esposa. Mas essa situação está mudando, agora que as mulheres conseguem chegar ao topo de empresas, profissões, cargos eletivos e mesmo das forças armadas. Elas não precisam mais viver do sucesso alheio. Não precisam mais ser as "mulheres por trás do trono" quando têm o que elas próprias conquistam.

ATALANTA E MELÉAGRO – UM CASAL GEMINADO

De todas as versões do mito de Atalanta, acho a narrativa de Bernard Evslin (*Heróis, Deuses e Monstros da Mitologia Grega* [*Heroes, Gods, and Monsters*, 1968]) sobre o encontro dela com Meléagro não apenas a mais vívida, mas também a mais verdadeira explicação, em termos psicológicos, de sua atração mútua. Tomo dele a história de como ambos se uniram e a interpreto, para que adquira sentido psicológico. Nas versões gregas e romanas clássicas, as circunstâncias do encontro diferem bastante; mas, em todas, Meléagro se apaixona por Atalanta à primeira vista. Ela evoca uma imagem, um anseio de contraparte feminina – sua garota dos sonhos ou figura anímica, conforme o modelo psicológico de Jung. Quando os homens falam sobre mulheres atraentes, seu primeiro comentário alude à aparência ou a determinados atributos físicos.

Atalanta e Meléagro são um par que impressiona: um casal magnífico, ambos arqueiros e caçadores sempre à vontade nos bosques. Atalanta lembra Ártemis, irmã gêmea de Apolo. Ela tem seu arco de prata; ele, seu arco de ouro. Essa paridade caracteriza inúmeros inícios de relacionamentos que depois se consolidam em casamento. No colégio, o capitão do time de futebol e a líder de torcida ou rainha do baile formam o casal clássico. Em universidades nas quais esse "estilo grego" domina a vida social, a sororidade entre as garotas encontra seus similares nas fraternidades dos garotos – e, no tempo em que namorados não moravam juntos, isso quase sempre levava ao casamento após a formatura.

Mesmo hoje, quando as pessoas se casam mais tarde, depois de terminar o curso superior e consolidar a carreira, a "paridade" pode ser vista em fotos de núpcias de casais bastante parecidos, publicadas na edição de domingo do *The New York Times*. Esses casais se unem por interesses e valores compartilhados, e por amigos comuns. Encontram-se em conferências ou eventos que oferecem às pessoas das mesmas áreas a oportunidade de estreitar relacionamentos com base na amizade e na camaradagem construídas durante os primeiros anos de carreira após a faculdade. *Websites* de encontros estimulam pessoas com afinidades a se conhecerem; as redes sociais dão informações sobre antecedentes, educação e amigos em comum, que podem morar em outros países. Homens e mulheres vão formando cada vez mais casais em que cada um descreve o outro como "meu melhor amigo". Compartilham paixões e podem ser competitivos – por exemplo, esportistas, cozinheiros e *gourmets*. Muitas vezes, compartilham a mesma prática espiritual ou trabalham juntos. Podem ser empresários. Em suma – em particular se são bem-sucedidos no que fazem –, podem tornar-se um casal Meléagro/Atalanta ou Ártemis/Apolo. Como tal, vivenciam juntos a próxima etapa da fase adulta, não raro em companhia de outras pessoas da mesma faixa etária. O mistério e o romance às vezes não existem quando ambos se conhecem a fundo: lembram um irmão ou uma irmã com quem a pessoa faz sexo e tem filhos.

O romance – a paixão desenfreada – é um período de atração no qual nos sentimos magneticamente impelidos a uma pessoa estranha que encarna um sonho inconsciente de união, completude ou totalidade com uma deusa. Quando um homem como Meléagro conhece a garota de seus sonhos, a beleza está em seus olhos e em seu coração. A reação inicial desse homem faz eco às palavras da música "Some Enchanted Evening" [Em Alguma Noite Encantada] – algo sobre "notar uma estranha do outro lado de uma sala cheia" e não querer "nunca deixá-la ir embora". A mulher que despertar esse deslumbramento, sobretudo se for do tipo Atalanta, a princípio talvez não se impressione e até se aborreça, pensando: "Ele nem me conhece; como pode dizer que me ama?". No entanto, se o relacionamento ultrapassar essa impressão inicial, os dois sem dúvida se espantarão ao se dar conta que um é a versão do outro em gênero diferente.

Na longa série de televisão *Bones*, a protagonista, dra. Temperance Brennan, é uma brilhante antropóloga forense. Com seu profundo conhecimento do assunto e fascínio por ossos, pois pode obter deles muitas informações, consegue explicar como as pessoas morreram e procura os assassinos com a ajuda do parceiro, Seeley Booth, um agente do FBI que conhece bem o comportamento humano. Do ponto de vista físico, Booth é o Meléagro da Atalanta Brennan, que está quase sempre alheia aos sentimentos das pessoas que a cercam e não consegue dar respostas emocionais adequadas. Não tem medo e sabe se defender. Foi abandonada quando os pais desapareceram e entrou para o sistema de adoção. Abrindo caminho em meio a essa selva, aprendeu a não acreditar em nada que não fosse cientificamente comprovado.

Booth e Brennan são parceiros de caçada. Cada qual é exímio no que faz. Assim como Atalanta e Meléagro, formam uma dupla verdadeiramente notável; um admira a habilidade em que o outro se destaca. No caso de homens e mulheres que se relacionam como colegas – concorrentes e iguais no trabalho, na universidade, em aventuras e desafios –, esses relacionamentos se baseiam em afinidade pessoal. Laços de família, etnia e classe social deixam de ser importantes para eles. Expectativas do pai ou da mãe são postas de lado. Não fazem o que se esperava que fizessem. A mãe de Meléagro ficou muito indignada com a escolha do filho – e pais ou mães com altas expectativas em relação a casais desse tipo também ficam.

Capítulo Quatro

A Caçada ao Javali de Cálidon

É tema recorrente na mitologia grega que ofender um deus ou uma deusa traz sérias consequências. No mito de Atalanta, a ofensa foi feita a Ártemis, indignada ao ver que o pai de Meléagro sacrificava e dava graças a uma infinidade de deuses e deusas, inclusive os do campo e dos céus, deixando-a de fora. O reino de Cálidon era, em grande parte, coberto de matas ricas em caça – o terreno favorito de Ártemis. Assim, como vingança, ela criou um feroz javali e soltou-o para que assolasse a cidade.

Numa época em que as pessoas acreditavam num mundo habitado por divindades, os eventos que escapavam a seu controle ou compreensão eram tidos como castigos por alguma ofensa, feita em geral a um deus. Zeus lançava raios e tempestades contra os culpados; Poseidon fazia terras e mares tremerem, para não deixar dúvidas de que estava furioso. Hera quase sempre se enfurecia contra determinada mulher, mas certa vez despejou sua cólera destrutiva sobre toda a ilha de Egina. Atribuir calamidades a deusas e deuses indignados era uma maneira de dar sentido a acontecimentos de outro modo inexplicáveis.

A história e a religião estão repletas de exemplos em que se faziam sacrifícios para apaziguar um deus enraivecido – do contrário, o castigo viria sob a forma de inundações, perda de colheitas, recessão econômica ou pestes.

CÓLERA DESTRUTIVA EM FAMÍLIAS

Conviver com um javali de Cálidon é até hoje uma circunstância real em famílias disfuncionais nas quais um adulto poderoso escapa ao controle, se enfurece e age como um possesso. Esse adulto – pai ou mãe – se torna então uma pessoa diferente sob a influência de drogas, medo ou cólera. A cólera masculina que resulta em violência doméstica contra esposa e filhos é comum e aterrorizante. Estatísticas do Centro de Controle de Doenças mostram que uma em quatro mulheres sofre violência doméstica ao longo da vida. Quase três em quatro norte-americanos (74%) conhecem pessoalmente alguém que é ou foi vítima dessas agressões.

Imagine (ou recorde) você, pequeno e dependente, à mercê de um pai que surge à sua frente como uma figura gigantesca e, perturbado por alguma coisa, de repente fica furioso. A criança que vive numa família disfuncional, com um pai bipolar, instável, afetado pela síndrome de estresse pós-traumático ou alcoólico, está num cenário emocional semelhante ao mundo mítico no qual os mortais levam a vida dependendo dos poderosos deuses olímpicos. Em famílias assim, uma menina pode ser punida porque lhe foi exigido algo além de sua capacidade. Em certa casa, o pai pediu que a filha lhe preparasse um café; como a filha não soube prepará-lo, ele a esbofeteou e a chamou de inútil. Em outra casa, um garoto foi surrado porque estava chorando e informado de que agora, sim, teria motivos para chorar!

Na história do javali de Cálidon, a cólera de uma deusa é que é devastadora, tal qual a de uma mãe furiosa pode ser para uma criança pequena. As mulheres são responsáveis por 15% das denúncias de violência doméstica nos Estados Unidos.

O mundo mítico e patriarcal da Grécia clássica foi violento desde o início. Governava-o uma cosmologia em que pais e filhos já adultos lutavam pelo poder, sendo comum o estupro e o incesto. Depois que se tornou o deus dos deuses, Zeus reinava no Olimpo por meio do temor, disparando raios. Do mesmo modo, o receio de julgamento e punição do Alto é fonte de terror ou pânico em muitos adultos. Se eles são melhores que o pai de algum modo, têm outros valores ou desafiam uma crença religiosa fundamental, passam a viver "sob a ameaça do raio iminente". Esse é um padrão arquetípico numa casa ou país governados por um déspota repressor e imprevisível, cuja palavra é lei.

O JAVALI DE CÁLIDON COMO SÍMBOLO INTERIOR

O enorme javali que a ultrajada Ártemis enviou para devastar os campos de Cálidon, depois que o rei fez sacrifícios em nome de outras divindades, mas não a ela, foi descrito com brilhantismo na Mitologia de Bulfinch: "Seus olhos tinham o ardor do fogo e do sangue, suas cerdas se eriçavam como lanças ameaçadoras, suas presas nada ficavam devendo às dos elefantes indianos. Arrasava os trigais, destruía as vinhas e as oliveiras, punha em fuga manadas e rebanhos. Pessoas se refugiavam por trás das muralhas, sua única esperança de salvação".

Essa fera impetuosa é um poderoso símbolo negativo de Ártemis. Outros símbolos da deusa, como o cervo ou a codorniz, são um tanto fugidios, do tipo "ora aparecem, ora desaparecem". A ursa pode ser feroz, mas representa um aspecto da mãe protetora que se manifesta quando os filhos são ameaçados. Contudo, o javali de Cálidon não tem nenhuma qualidade que o redima. Ártemis, furiosa por ter sido ofendida e ignorada, criou-o com o único objetivo de causar danos. Depois que nasce e passa a assolar a cidade, ele fica fora de controle.

Quando uma mulher que defende uma causa se sente ultrajada a ponto de perder o controle, e não enxerga como isso prejudica tanto a causa quanto ela própria (além de outras pessoas inocentes), significa que foi dominada por seu javali de Cálidon. Não se importa com quem será magoado com suas palavras e atos. A cólera dessa mulher se origina da consciência que tem do próprio valor – ela é uma criatura notável que foi desprezada como insignificante. Ousaram ignorá-la? Pois ela fará justiça! Alguém tratou com desrespeito ou violência uma pessoa que ela ama muito ou algo que valoriza bastante. Vingança! E a cólera de seu javali de Cálidon vai além de todos os limites.

A justificativa e o senso de justiça são como a pele invulnerável de um javali, a crosta espessa da armadura que protege contra as farpas da crítica. Uma mulher ofendida não percebe aquilo em que se transformou nem reconhece que a parte criteriosa e imparcial de si mesma foi calcada aos pés e vitimada pela própria e "justa cólera". Essa dinâmica, é claro, também se aplica aos homens, que em geral (devido ao patriarcado) têm consciência maior de seus méritos e são, por isso, mais suscetíveis à humilhação.

O javali de Cálidon pode dominar a vida interior da mulher que reprime uma cólera excessiva, destruindo assim seu cenário íntimo. Dentro dela, não há paz; essa mulher não vê mais a beleza do mundo que a cerca; se aborrece com seus animais de estimação; ergue uma barreira entre ela e os outros, desejando ficar só. Pode suceder que a cólera, alimentada pela força de vontade, impeça-a de sentir tristeza ou desapontamento, enxugando suas lágrimas. Ela teme parecer fraca ou emotiva. Ocultando-se atrás da cólera, sempre à mercê de qualquer coisa que a possa enfurecer, está sem dúvida construindo um reservatório de raiva e sofrimento, na ânsia de ser valorizada e amada. Se Ártemis tivesse sido reverenciada, enaltecida ou até mesmo amada, em vez de preterida, jamais se valeria do javali de Cálidon.

Encolerizar-se, ruminar pensamentos hostis contra outras pessoas e nutrir obsessões por causa de ninharias são atitudes prejudiciais à psique de quem se entrega a tais sentimentos. Um sonho ajudou uma mulher a compreender isso. Ela me confidenciou que seu trabalho não estava indo bem, embora ocupasse agora um cargo para o qual era muito bem qualificada e conseguisse executar com relativa facilidade suas tarefas. O problema era com os colegas. Havia começado mal, digamos assim. Percebia que eles a criticavam pelas costas e não gostavam de que desse sugestões. Suas credenciais acadêmicas eram superiores às deles; sua experiência, maior. Viu-se então brigando com os colegas mentalmente e imaginava conversas em que "os colocava no devido lugar"!

No sonho, ela se encontrava em uma igreja do interior que conhecia bem. Ao sair, encontrou dois cães que rosnaram e a atacaram, querendo morder sua garganta. A princípio, a mulher achou que os cães eram seus colegas de trabalho. Mas, conversando sobre as ofensas que recebia, concluiu que seria um grande exagero fazer aquela comparação. Além disso, o ataque destoava bastante dos sentimentos de paz que tivera dentro da igreja. Só quando ela ignorou esse símbolo do Eu – ou centro espiritual – é que os cães a atacaram. Aceitou a possibilidade de que os animais representassem tanto uma percepção exagerada dos colegas quanto algo nela mesma que talvez houvesse assumido um caráter paranoico e destrutivo. Caso fossem "seus" cães, eles a colocavam em perigo. Descobriu que essa percepção lhe dava a escolha de respirar fundo e equilibrar-se ou deixar que tudo ocorresse de acordo com os próprios pensamentos. Depois que ela mudou internamente, a atmosfera do mundo exterior, no trabalho, também foi mudando aos poucos, do mesmo modo que seus sonhos.

Se essa mulher fosse para o trabalho, todos os dias, pensando o pior dos colegas, menosprezando-os por se julgar merecedora do respeito pertinente a seu cargo e educação, a equipe por certo passaria o menor tempo possível perto dela e não a incluiria na camaradagem informal de pessoas que trabalham juntas. Pior ainda: se continuasse vivendo com ataques mentais de cães por companhia íntima – se ruminasse ofensas e pensamentos hostis –, correria o risco de se tornar uma mulher amarga.

Quando instigamos ataques de cães em nossa mente, eles ficam cada vez mais violentos e destrutivos para a alma e os relacionamentos. O desequilíbrio que se segue afeta o julgamento da situação, dos outros, de nós mesmos.

Ninguém permanece o que é – seu melhor eu – quando um complexo de "ataque de cães" se impõe. A pessoa fica obcecada pela inveja, cede ao menosprezo, abriga sentimentos hostis ou paranoicos em relação aos pensamentos ou motivos dos outros. O "ataque de cães" é uma vigorosa metáfora com o mesmo significado do javali de Cálidon. É a parte da psique que reage com hostilidade defensiva, agredindo os outros num acesso de raiva. Precisa ser encarada e anulada pela mulher na qual ganhou vida. Pode ser transformada graças à evolução do discernimento e ao controle, no presente, e à percepção compassiva de suas origens, no passado. O que restar serão as qualidades protetoras de Ártemis, que é como um cão amigo dotado de bom faro e instinto para o perigo real, uma guardiã dos limites, uma mantenedora do arquétipo da deusa virgem na psique feminina e uma defensora dos fracos e oprimidos: um cão excelente!

O APELO DA CAÇADA

O rei de Cálidon convoca os heróis e aspirantes a heróis da Grécia para empreenderem uma grande caçada e matar o javali. São, por natureza, homens agressivos, acostumados a tomar pela força aquilo que desejam. Assim que se reúnem, o rei começa a se sentir inquieto: se participar da caçada, deixará seu castelo indefeso. Todavia, se não participar, Meléagro talvez corra riscos.

E a perda do herdeiro colocará o reino em perigo. Quando ele confessa seu dilema à rainha, esta lhe diz que poderá ficar no palácio, pois não há motivo para se preocupar com Meléagro. Mostra-lhe o cofre escondido, que contém o tição parcialmente queimado, e conta-lhe a história da visita de Átropos.

Apresentar-se para a caçada ao javali é um chamado à aventura, uma oportunidade para ganhar fama e um teste de coragem física. Assim como a busca pelo Tosão de Ouro realizada por Jasão ou, uma geração mais tarde, a campanha de Agamenon contra Troia, representa um desafio apenas para homens. A exceção é Atalanta. Hoje, as mulheres podem ser astronautas, soldados ou oficiais em conflitos armados. Participam de expedições que sobem montanhas – e, agindo assim, muito provavelmente têm Ártemis como arquétipo principal, assemelhando-se a Atalanta. Contudo, ainda hoje essas mulheres provocam ressentimento e se arriscam a serem estupradas por homens que não as consideram à sua altura. Quando supõem ser aceitas como "um dos rapazes" – iguais aos homens –, as mulheres não raro descobrem que as coisas não são bem assim.

A aventura é narrada com grandes detalhes por todos os escritores clássicos. Eles fornecem os nomes dos participantes numa longa lista, mencionando até mesmo os filhos que terão mais tarde, como é o caso de Peleu, pai de Aquiles. Relatam passo a passo a caçada – sem necessidade. Alguns são feridos, pisoteados ou estraçalhados pelas presas do javali. Suas armas, às vezes desviadas pelo couro duro da fera, acabam ferindo os companheiros. O astuto javali a princípio se oculta num bosque de salgueiros e irrompe de súbito contra os caçadores que passam perto de seu esconderijo. Escolhe uma posição estratégica. Os caçadores não conseguem cercá-lo nem empreender um ataque em massa: isso só pode ser feito quando estão sozinhos ou aos pares.

Atalanta espera com firmeza o impacto do javali. Terá de detê-lo ou ele a destruirá. É preciso coragem para não tremer e mirar com precisão; a flecha atravessa o olho da fera e penetra em seu cérebro. O javali cambaleia, e Meléagro, brandindo a espada, desfere-lhe o golpe fatal.

O CONFRONTO ENTRE ATALANTA E O JAVALI

Ao enfrentar o javali, Atalanta coloca-se diante do aspecto destrutivo de Ártemis. No caso de mulheres parecidas do ponto de vista arquetípico, trata-se do confronto com a própria sombra interior. A mulher tomada de justa cólera perante a indiferença por aquilo que considera sagrado se descontrola com o ultraje e perde todo o senso de proporção ou compaixão. Fica possuída pelo javali quando age, ela própria, como uma dessas feras, transformando em inimigo quem quer que tente reconduzi-la à razão. O que começou como um ato compassivo, para salvar garotas e mulheres – ou como intensa preocupação ecológica pelo desmatamento e a poluição ambiental, ou ainda como resposta emocional à crueldade contra animais –, torna-se cólera cega, que a consome e ameaça seu aspecto humano, fonte de suas preocupações com a vulnerabilidade dos outros.

É preciso coragem para enfrentar o javali interior, pois significa que a mulher tem de encarar a própria destrutividade.

Então, ela precisa ver – ou melhor, sentir – a que ponto chegou o mal que praticou contra si mesma e os demais, ao espezinhar os sentimentos deles e aquilo que lhe ofereceram, mas que ela não soube valorizar. Precisa sentir remorso pelo desprezo e pelas críticas que lançou contra seus semelhantes no passado, compreendendo que apenas ela será capaz de interromper esse processo. Com intenção e determinação, a mulher consegue controlar os maus sentimentos. No contexto familiar ou global, tornar-se uma deusa vingadora é uma péssima ideia para a mulher e as pessoas que a cercam – as quais, afinal de contas, não são todas ruins, como mais tarde se descobrirá. Esse comportamento disfarça, muitas vezes, uma atitude de superioridade e arrogância, ou seja, as mesmas características que ela acha intoleráveis nos outros. Confrontar o javali interior pode constituir uma lição de humildade.

Há alguns versos de T. S. Eliot em *Quatro Quartetos* que uma mulher arrogante ou um macho alfa compreenderiam bem:

A única sabedoria ao nosso alcance
é a sabedoria da humildade.

O JAVALI COMO FORÇA DESTRUTIVA DA NATUREZA

Por não reverenciar nem ofertar sacrifícios ao sagrado feminino representado por Ártemis, o rei traz destruição a seu reino. O povo e a terra sofrem por causa da força inconsequente da natureza, simbolizada pelo javali, que assola tudo em seu caminho.

Essa mesma mentalidade patriarcal – incapaz de venerar o sagrado feminino, proteger o ambiente e a vida do planeta, fazer sacrifícios para preservar o que temos – resulta agora nas consequências indiscriminadas da mudança climática.

Furacões no Centro-Oeste dos Estados Unidos destruíram tudo em seu caminho, multiplicando catástrofes e deixando atrás de si uma devastação que lembra a provocada pelo javali. Da mesma maneira, inundações, tufões, secas, incêndios florestais e elevação do nível dos oceanos são indícios da mudança climática que vem acontecendo porque deixamos de respeitar nosso relacionamento com a vida no planeta. Geia, Mãe Natureza e Mãe Terra são aspectos do sagrado feminino, ou as Grandes Deusas, que nos dão o ar, a água, o alimento e a beleza, dos quais todas as coisas nasceram e para os quais todas voltarão. Assim como Ártemis, a Mãe Natureza reage com catástrofes quando não há reconhecimento, cuidados, valorização ou sacrifício em nome dela.

Poucas árvores, muita gente é uma equação simples que nivela o aquecimento global aos danos provocados pelo javali de Cálidon. Para Atalanta e Ártemis, que se sentem à vontade nas florestas – e para as "pessoas que amam árvores" –, as árvores são belas e têm características individuais. Várias viverão muito mais do que nós. Reconhecemos que nós e as árvores somos interdependentes. Elas armazenam dióxido de carbono, transformando-o em nutrientes e oxigênio; preservam os lençóis subterrâneos graças a um sistema de raízes no qual a água e a terra formam uma espécie de esponja que evita inundações, além de tornar o solo mais fértil ao fabricar compostagem com suas folhas. Florestas tropicais – os pulmões do planeta – estão sendo destruídas e queimadas. Por trás dessa calamidade se escondem o estreitamento de visão e a dessacralização da natureza. Árvores transformam-se em tábuas e matas vão sendo substituídas pela agricultura intensiva de soja ou plantas oleaginosas.

Aprendi a valorizar o que as árvores fazem por nós após um esforço inútil para salvar um belo pinheiro-de-monterrey que cresceu diante de minha casa. Numa área em que a neblina matinal é muito comum, as agulhas dessa árvore transformam o vapor em gotículas que fornecem umidade às plantas e ao solo sob sua copa. Cortaram o pinheiro e só então percebi que ele era o centro de um sistema ecológico equilibrado. Além de me ensinar muita coisa sobre a importância das árvores, a perda daquela em particular me fez entender a diferença entre "pessoas-árvores" e "pessoas-não árvores". Como resultado do que aprendi, publiquei *Like a Tree: How Trees, Women, and Tree People Can Save the Planet* (2011).

Para as "pessoas-não árvores", estas não passam de coisas, sem valor intrínseco. O pinheiro diante de minha casa não me pertencia: pertencia a uma associação de moradores locais. Se um vizinho quisesse derrubá-lo, o destino dessa árvore dependeria de votação; e, segundo as regras e os regulamentos do grupo, a preservação da paisagem tinha a máxima prioridade. Mas essa postura era unilateral. O pinheiro já estava lá antes da construção das casas e, para quem ama as árvores, elas também podem ser uma "paisagem". O medo dos membros da associação foi alimentado por uma lenda urbana segundo a qual pinheiros podem explodir sob calor intenso, e a discussão ocorria no limiar entre campo e cidade, uma área em que os incêndios são levados muito a sério. Outro argumento era que, se um tronco ou um galho caísse, ferindo ou matando uma pessoa, a associação seria responsabilizada pelo incidente. Diante dessas preocupações, os que queriam cortar o pinheiro levaram a melhor.

Na época da mitologia clássica, boa parte da Grécia e da Europa estava coberta de florestas. Portanto, a afinidade de Ártemis com os bosques não exigia esforço nenhum para salvá-los, de modo que isso não faz parte de sua mitologia. Mas, mesmo assim, muitas mulheres com as características de Atalanta/Ártemis procuram salvar árvores e florestas. Na Índia, em 1970, o Movimento Chipko tornou-se o primeiro esforço bem-sucedido em que mulheres conseguiram salvar árvores (*chipko* significa, em hindi, "três abraços"). Vinte e sete mulheres interromperam o desmatamento abraçando-se a árvores para impedir que fossem cortadas. Um precedente histórico ocorreu em 1730, quando Amrita Devi e suas três filhas preferiram ser martirizadas a deixar que lenhadores pusessem abaixo uma árvore sagrada *khejri*. É preciso ter coragem para enfrentar um javali descontrolado ou madeireiros furiosos, com seus tratores e machados. O espírito de Ártemis estava bem presente nessas ativistas.

A MORTE DE MELÉAGRO

A flecha disparada por Atalanta feriu, mas não matou o javali. E, como foi Meléagro quem desferiu o golpe de misericórdia, recebeu o couro do animal como troféu. Entretanto, em vez de conservá-lo, deu-o a Atalanta, reconhecendo que a façanha se devia a ambos. Os homens, no entanto, protestaram que aquele prêmio não devia ficar com uma mulher. Os dois tios de Meléagro chegaram a exigir o troféu para si, caso o sobrinho quisesse mesmo dá-lo a alguém. Um deles ousou até se apropriar do despojo, mas Meléagro, agindo com rapidez, sacou da espada e decapitou-o, fazendo o mesmo com o outro. Cabeças rolaram. Ninguém mais protestou, e todos voltaram ao palácio para comer e beber – exceto Atalanta e Meléagro.

O grupo relata a história da caçada, de como Atalanta desferiu o primeiro golpe e Meléagro matou o javali. Em seguida, informa como e por que Meléagro matou os tios. A rainha, pesarosa e enfurecida, é tomada por sentimentos conflitantes. Lamenta os irmãos e fica horrorizada pelo fato de Meléagro tê-los matado. Põe a culpa em Atalanta. Em sua cólera, retira do cofre o tição parcialmente consumido que Átropos lhe mostrara e ordena aos criados que acendam uma pira. Nas *Metamorfoses* de Ovídio, o desespero e o longo solilóquio da rainha nada ficam a dever aos de Hamlet, mostrando a angústia que ela sente enquanto se debate em seu íntimo entre a mãe e a irmã. A irmã vence. Atira o tição às chamas e mergulha uma faca no coração, gritando: "Morte por morte, crime por crime, tribulações somadas e multiplicadas! Que, assim, esta casa maldita se reduza a ruínas!".

Enquanto isso, Meléagro e Atalanta passeiam pelos bosques que lhes são tão familiares, deixando fruir seu amor, seu sucesso e sua fama como casal. De repente, Meléagro se sente afligido por uma dor que o queima – leva as mãos ao ventre e se curva para a frente. Ali mesmo, na floresta, morre nos braços de Atalanta.

MELÉAGRO E SUA MÃE

Mito e realidade assemelham-se quando o poder de vida e morte, nas mãos da mãe, é metafórico e se exerce sobre as emoções do filho. A mãe de Meléagro elimina a possibilidade de que ele viva com Atalanta. Muitas mães fazem o mesmo, manipulando os sentimentos dos filhos e inviabilizando relacionamentos ao suscitar dúvidas, ansiedade, responsabilidades, culpa e vergonha.

Alguns leitores talvez se lembrem de ter perdido o amor de sua vida ou abandonado uma alma gêmea que foi julgada "inconveniente", "inadequada" ou mesmo "inatural" pelos pais. Os motivos da oposição podem ter sido diferenças de classe social, religião, etnia, idade ou fatores relacionados a gênero. Quando se exerce pressão sobre um filho (ou filha, na maioria das vezes) para atender às expectativas familiares ou culturais, é quase sempre a mãe quem julga, por uma presunção alimentada pela coletividade, ser dela essa responsabilidade, como esposa e mãe.

Na vida real, uma mãe autocentrada e narcisista, que acredita saber o que é melhor para o filho e conhecer mais os sentimentos dele do que ele próprio, educa-o para levar em conta não o que ele possa querer, mas o que ela desejar. Quando o filho se torna um homem, a mãe o convence de que ele não deve confiar em si mesmo para escolher a parceira certa. A tendência do filho a aquiescer, como adulto, ao que a mãe diz começa quando ele se torna o centro da vida emocional dela, depois da primeira e da segunda infâncias. O instinto maternal liga a mãe ao filho e, por algum tempo, a sobrevivência física e o crescimento da criança dependem desse vínculo. Depois de certo tempo, aparece uma tensão normal entre dependência e separação. A partir do momento em que dá o primeiro passo e aprende a dizer "não", a criança desenvolve um senso de separação da mãe. Isso inclui ter sentimentos próprios, algo que pode frustrar uma mãe emocionalmente carente ou controladora.

Na ausência de relacionamentos emocionais e físicos adultos, a mãe de um menino às vezes se volta para ele a fim de satisfazer sua ânsia de proximidade. À medida que o menino cresce, a mãe sente cada vez mais necessidade de que ele seja seu espelho, para lhe garantir que ela continua importante e atraente. Essa mãe pode treinar o filho para estar sintonizado com os sentimentos dela, demonstrando-lhe admiração por sua sensibilidade e afeição duradoura, ou fazê-lo se sentir culpado por não lhe dar atenção quando ela mais precisa. O filho aprende então a suprimir os próprios sentimentos depois de ouvir, vezes sem conta, que é vergonhoso tê-los. Um menino cuja mãe é autocentrada pode concluir que não convém reclamar quando ficou desapontado nem se enfurecer com ela e, muito menos, mostrar entusiasmo ou afeto por outras pessoas. Quando a espontaneidade, a alegria, a raiva ou a mágoa não podem ser expressas na presença de uma mãe ou um pai poderoso ou carente, elas mudam de rumo. A mágoa reprimida transforma-se em tristeza; a raiva encontra uma vítima inocente; a alegria é sufocada.

Uma mãe autocentrada e carente do ponto de vista psicológico faz com que tudo gire à sua volta. Os atributos e as realizações do filho passam a ser dela – e não apenas no sentido de "refleti-la". A diferença entre o orgulho normal dos pais pelo filho e um vínculo psicologicamente doentio depende de quanto eles vivem por meio do filho e de quanto o filho é motivado pela necessidade de agradá-los, evitando a dor oriunda da desaprovação. Um filho inteligente o bastante para fazer isso aprende rapidamente o que não deve dizer; e, depois de algum tempo, aprende também a não dar atenção a si mesmo nem ao que de fato sente ou observa nos outros ou sobre os outros. A Inteligência Emocional (IE), como qualquer habilidade humana, é favorecida ou não pelas circunstâncias e se desenvolve graças ao estímulo e a palavras que encerram emoções e percepções. O sentimento claro, como o pensamento lúcido, exige prática.

MORTE E AGONIA EM MITOS E SONHOS

Nos sonhos, assim como nos mitos, pessoas morrem. Mas em nossos sonhos elas não são personagens de mitos antigos e sim, com muita probabilidade, gente que conhecemos de verdade, misturada a celebridades transformadas em figuras simbólicas. Não surpreende, pois, que sonhos nos quais alguém morre ou está morto pareçam quase sempre alarmantes: nossa primeira reação é interpretá-los ao pé da letra. Ao despertar, a pessoa se esforça para avaliar a exatidão do sonho. Na maioria das vezes, ele não é verdadeiro; mas em raras ocasiões pode ser um sonho telepático ou pré-cognitivo, que não se assemelha em nada com os sonhos normais. Quase sempre revela uma verdade simbólica sobre o relacionamento com a pessoa morta ou agonizante (ou seja, algo mudou nesse relacionamento), ou, ainda, sobre o que a pessoa simboliza na psique do sonhador. A pessoa morta ou agonizante é então uma atitude, um preconceito, uma identificação ou conexão que vai perdendo sua influência sobre o sonhador.

Esses sonhos contrastam com vários outros. Às vezes, a pessoa já morreu na realidade, mas continua viva no sonho. Nesses casos, o sonhador sabe que ela morreu, mas fica feliz ao vê-la de novo. Acontecem quando é importante lembrar que algo sobre o que a pessoa representa continua bem vivo. Diferem em qualidade e intensidade dos "sonhos de visitação", que ocorrem quando o sonhador ainda está de luto e seu sonho, muito vívido, tem o impacto de uma visita real.

A interpretação de um mito ou sonho, ou de um evento sincrônico na vida real que possa ser interpretado como um sonho, é outra maneira de aprofundar seu significado. Começa com "e se...?". E se esse mito o fascina porque há nele "algo" mais? E se as personagens principais forem, todas, figuras interiores? Mas então quem é Meléagro? Na psicologia junguiana, ele é o masculino interior numa mulher – o *animus* que, em parceria com o ego feminino, enfrenta o javali. Meléagro é a capacidade de agir com decisão, objetividade e eficácia, de maneira impessoal, em concomitância com um feminino consciente de si e corajoso, que enfrenta a sombra propensa a emoções existente na mulher.

Se o papel do protagonista for transferido de Atalanta para Meléagro na caçada ao javali, e a morte de Meléagro for considerada simbólica, a nova história também se tornará bastante significativa, com paralelos na vida real. Meléagro chega para se reunir aos caçadores com Atalanta a seu lado. Mas caçada é coisa para homens! Não há lugar para ela ali. A presença de

Atalanta não é bem-vinda: todos protestam. Até então, o relacionamento de ambos fora privado, na floresta – isto é, fechado a outros ou, como aspecto feminino na psique de Meléagro, desenvolvido na privacidade de seu mundo interior. O vínculo é uma escolha autêntica, não dependente de valores coletivos ou expectativas familiares. Levar Atalanta para a caçada e defender seu direito de participar dela torna público o relacionamento. Como a finalidade era destruir o javali e cada um dos homens desejava fama para si mesmo, não havia motivo para reclamar da presença dela.

Chega então a hora da caçada. Atalanta o ataca com uma flecha; Meléagro completa a tarefa com sua espada; os dois matam o javali e ele dá a pele, que é o troféu, a Atalanta. Isso provoca indignação, e Meléagro elimina os tios. Esses tios, porém, são extensões da mãe – figuras de seu *animus*, protetores de seus direitos e atitudes, símbolos de seu poder sobre a vida emocional do filho. Quando Meléagro os mata, está matando, de maneira simbólica, a influência da mãe sobre quem ama e sobre o que faz. Isso a leva a reafirmar seu poder sobre a vida do filho matando-o e depois suicidando-se.

Os vínculos de energia que definem o relacionamento entre duas pessoas precisam ser desfeitos por *ambas*, a fim de que o antigo padrão seja superado de verdade. Essa metáfora da vida real ilustra a penosa separação entre o domínio de uma mãe (ou pai) que vive por intermédio do filho (ou filha, ou esposa) e da vida planejada para ele, que então passa a ser realmente uma pessoa. As mortes da mãe e do filho simbolizam o fim desse laço primitivo. Na vida real, porém, há mais capítulos pela frente.

Capítulo Cinco

Atalanta nas Florestas

Após a morte de Meléagro, Atalanta se põe a vagar sozinha pelas florestas de Cálidon – um lugar ermo, que ela conhece melhor e considera mais seguro que um palácio. É tempo de luto e lamentações. Ela nunca mais verá Meléagro. Uma fase de sua vida terminou. Atalanta não pode trazer de volta nem ele, nem a vida de antes. Está num período de transição decisivo: entre o que foi e o que será, uma zona definida por tempo e lugar. E por um fim.

A perda que muda nossa vida assume diversas formas: perda do emprego, de uma crença, da saúde, de senso de significado, de alguém que se amava. Não importa qual seja a perda, convém lembrar que a consciência do antigo eu também se perdeu e é lamentada. *Quem sou eu, agora que o relacionamento, o trabalho, a crença ou a geografia já não me definem mais?*

A selva é uma paisagem metafórica; é ali que estamos quando passamos de uma fase ou identidade importante para outra. Chega então a hora de seguirmos o próprio caminho, mesmo sem saber o que acontecerá em seguida ou como mudaremos. Trata-se de um período de transição em que devemos confiar no instinto ou na curiosidade intensa. Podemos encontrar uma parte importante de nós mesmos na selva – ou podemos nos perder.

A fase na selva ocorre não raro após uma morte que causou muita comoção, quando um relacionamento termina ou quando se deixa uma comunidade. Acontece também quando a pessoa descobre que seu diploma não é a chave para o primeiro degrau de uma carreira ou quando ela perde o emprego, o título ou a reputação. Estamos na selva depois de deixar de ser "aquilo" que éramos, sem possibilidade de retorno; ou quando não há um caminho a seguir e as outras pessoas dão palpites, mas nada sabem. É esse o momento de consultar a bússola interior da intuição, avançando rumo ao que a alma determina; de sentir como o corpo-psique reage a cada novo passo; ou de deixar "o animal manso de teu corpo amar aquilo que ama" (do poema "Gansos Selvagens", de Mary Oliver). É esse o momento de prestar atenção; parar de vez em quando, como para observar uma vizinhança desconhecida; e seguir em frente quando o instinto percebe que está tudo bem.

PRIMEIRAS TRANSIÇÕES

A primeira perda e a primeira incerteza quanto ao que *acontecerá em seguida* ocorrem no nascimento, quando deixamos o aconchego do útero para entrar no mundo, arrastando-nos pelo canal do parto ou sendo arrancados de repente via cesariana. Tudo é novo – e quase tudo é desconfortável. Em geral, nossa primeira ação é chorar de desespero ao tomar o primeiro alento. Lembro-me de ter ouvido a analista junguiana Marion Woodman, que percebeu a conexão entre corpo e psique, comentar que a maneira de sairmos do útero se torna o modelo para as transições futuras. Com meus dois filhos, isso se revelou verdadeiro. Minha filha saiu na posição correta, ou seja, com a cabeça para baixo, num parto normal e na hora prevista. O parto do meu filho foi pélvico, mais difícil: ele veio com os pés para a frente, como se relutasse em mergulhar de cabeça no mundo e estivesse disposto a exigir mais esforço de todos, o que, é claro, sempre acontece em tais ocasiões. Esse tema se repetiu em transições subsequentes na vida dele. Pergunto-me a respeito dos bebês que nascem de cesariana: será que eles esperam ser ajudados por outras pessoas e não se dão o trabalho de lutar nas transições? Se há um padrão que surge no nascimento e se repete na vida, então reconhecê-lo é o primeiro passo para modificá-lo, caso não nos sirva, ou valorizá-lo, caso torne a passagem de uma etapa a outra mais fácil. Isso se aplica a qualquer padrão que repetimos de modo inconsciente.

Ponto a ponderar: qual é sua reação comum a uma perda indesejada ou a uma mudança repentina? Quando se vê numa zona de transição, como você reage? Os detalhes específicos ou a paisagem dessa selva nova podem diferir, mas a resposta – o que você pensa e sente ou como sobrevive em meio a ela – talvez seja a mesma, isto é, disfuncional, caso não tenha aprendido com a experiência. Há uma frase famosa do filósofo George Santayana: "Quem não se lembra do passado está condenado a repeti-lo" (*Reason in Common Sense*, 1905). Ele falava sobre a História, mas a frase, é óbvio, aplica-se também ao modo como levamos a vida.

RETORNO À NATUREZA

Pouco depois de nascer, Atalanta é abandonada para morrer na floresta. Está sob a proteção de Ártemis, porém, que lhe envia uma mãe ursa no momento crucial. Atalanta sobrevive ao abandono e a exposição às intempéries da natureza porque a mãe ursa a encontra, amamenta e cria como se fosse um de seus filhotes. Assim, desde o começo, a selva se mostra mais hospitaleira para com Atalanta do que o palácio onde nasceu. Após a morte de Meléagro, ela volta à floresta selvagem, à natureza, que se revelou mais confiável que as pessoas com as quais conviveu.

Vagando sozinha por essa paisagem, Atalanta pode executar a tarefa emocional de lamentar e recuperar-se da perda de Meléagro. A natureza era um bom lugar para ela fazer esse trabalho interior – embora talvez não o seja para todas as mulheres, apenas para aquelas que têm Ártemis como arquétipo ativo. Na natureza, não faltam exemplos de vida e morte, ciclos e estações. Tudo se harmoniza. A natureza é vasta; o ser humano é insignificante perto de grandes árvores e montanhas. Viver nos bosques significa estar sob o céu durante o dia e sob as constelações durante a noite. Ao ar livre, o senso de proporção nos afeta e nos mostra que nossa perda pessoal não constitui o centro do universo. Quando uma pessoa sofrida percebe a beleza que há em cada canto do mundo natural, ouve a canção dos pássaros e das águas ou se banha na luz e no calor do sol, a cura começa. As árvores ajudam. Há uma sensação de consolo quando nos sentamos à sombra de uma árvore, ouvindo o sopro do vento na folhagem, quando abraçamos o tronco ou encostamos o rosto na casca.

Suportar sozinho a dor e o luto é comum quando os valores da sociedade possuem como premissa que não temos o direito de sofrer. Ou que sofrer é uma fraqueza. Ou, ainda, que isso ofende aqueles que não toleram o sofrimento, sobretudo por aquela perda em especial. Se você está sob a proteção de Ártemis ou dos arquétipos da deusa virgem, seu íntimo lhe dá apoio para ser o que é – mas longe dos outros. A selva onde você se recolhe pode ser a natureza exterior ou o mundo interior. Sem essa proteção, sobretudo na infância, com certeza você aceitará o julgamento alheio, segundo o qual sua reação é ruim ou você mesmo é ruim, não tendo o direito de sentir o que sente. As sementes da sensação de que há algo errado com você são plantadas ou fertilizadas dessa maneira. (Meninos criados no patriarcado aprendem a suprimir o sofrimento, transformando-o em cólera, culpa ou vingança, a menos que tenham uma sólida conexão com essa mesma deusa em seu íntimo.) Mergulhe na própria selva para exprimir o amor e lidar com a perda por intermédio de algo que faça ou crie; por intermédio de um diário, uma arte, um ritual ou poemas; ou então vá para a natureza a fim de construir um marco ou um labirinto de pedra; edifique espaços sagrados em praias, sob as árvores, no topo de colinas ou montanhas. É o que fazem as pessoas do tipo Ártemis na selva da perda. Ou o que fazem, quando me ocorre a imagem de Ártemis com seu cão, as pessoas que choram a morte de animais queridos, a sós ou na natureza, sem se sentir envergonhadas – enquanto outras pensam, bem no íntimo: "Ora, era apenas um cachorro!" (Stephanie Marohn, *What the Animals Taught Me*, 2012).

STRAYED

Pessoas reais, cujas vidas se tornam histórias cativantes, podem ser consideradas modelos míticos de comportamento quando se identificam com imagens ou temas arquetípicos. Isso sem dúvida é verdadeiro no caso de Cheryl Strayed, autora de *Wild: from Lost to Found on the Pacific Crest Trail* (2012). Cheryl escreveu sobre a viagem de 1.500 quilômetros, com duração de três meses, que empreendeu sozinha. Seguiu uma ideia/impulso/determinação/chamado/compulsão. Sinto que ela personificou o espírito do poema "Ártemis", de Olga Broumas:

> *Sou uma mulher*
> *que compreende*
> *a necessidade de um impulso cujo alvo ou origem*
> *ainda estão à minha frente.*

A "necessidade de um impulso" foi o que motivou Strayed. Ela se lembra de que, ao ouvir falar na Pacific Crest Trail,* ficou

---

* Uma das mais famosas trilhas de longa distância dos Estados Unidos, que se tornou popular com o sucesso do livro e filme *Livre*. (N. do R.)

curiosa. Não havia razões lógicas para que sentisse tamanha atração, muito menos para que percorresse essa trilha sozinha. Estava fora de seu alcance saber o porquê, mas, dentro dela, a necessidade era urgente.

É verdade que nos definimos por meio de decisões e ações. Cheryl deu um passo à frente na própria definição ao adotar o sobrenome "Strayed", que não é seu verdadeiro nome – este, ela não revela aos leitores em parte alguma do livro. Quando pensou em se divorciar, percebeu que não poderia continuar usando o nome de casada, nem o de solteira, do mesmo modo que não poderia voltar a ser a garota que fora. Tentou vários sobrenomes que combinassem com Cheryl. Nenhum servia, até que a palavra *strayed* lhe ocorreu. Consultou o significado no dicionário e *soube* que esse era o sobrenome ideal para ela: "desviar-se do caminho certo, do rumo certo, estar desorientado, confundir-se, não ter pai nem mãe, não ter casa, perambular sem propósito, divergir ou divagar".

Enfatizando que Cheryl dava ouvidos a um conhecimento interior, esclareço mais uma vez o que já disse em muitos de meus livros anteriores, pois isso é crucial para vivenciarmos uma existência autêntica – a nossa própria, não um mapa para seguirmos. Reconhecer a *gnosis*, ou seja, o conhecimento adquirido por intuição, é *saber* o que nos convém. Ocorre então a segunda pergunta importante: Você tomará o rumo que esse conhecimento indicar?

Para Cheryl Strayed, a morte recente da mãe e, bem antes, a do pai, o fim do casamento e más decisões tomadas logo depois prepararam a decisão de seguir esse conhecimento interior.

Sua viagem levou-a do deserto de Mojave às Cascades, e destas às reflexões meditativas sobre sua vida, exigindo perseverança e firmeza quando a caminhada era penosa. Assim, ela encontrou bênçãos e gratidão no que vivenciou e descobriu dentro de si. Penso que, quando Cheryl decidiu escrever o livro, aquilo que aprendeu durante a caminhada pela Pacific Crest Trail penetrou em sua escrita. Ambas foram decisões fundamentadas na crença de que a caminhada e depois o livro eram coisas importantes a fazer. Então, pôs mãos à obra. Deu um passo de cada vez, escrevendo uma página por vez, até que, quilômetros e páginas mais tarde, completou a tarefa que se impusera. Suspeito que, ao trabalhar, ela se viu absorvida completamente no momento presente – e, na trilha, também por completo, no corpo. É bom para a alma fazer qualquer coisa que propicie semelhante experiência.

A floresta é bela – a natureza, por si só, o é. Real ou metaforicamente, há beleza e eternidade nos bosques, como também em *você*, quando deixa o cotidiano de lado e segue o impulso de fazer o que ama e estar onde deseja. Empreender algo difícil traz satisfação.

SOB A PROTEÇÃO DE ÁRTEMIS

Mulheres que sentem intensa necessidade ou impulso para passar algum tempo em meio à natureza e aceitam o desafio das atividades ao ar livre têm conexão com o arquétipo de Ártemis. Penso aqui em Elizabeth Danu, que decidiu empreender sozinha uma longa viagem de bicicleta – de Seattle a San Diego, uma jornada de seis semanas que cobriu uma área de mais de 2.500

quilômetros (*www.theliberationofpersephone.com*). Assim como Cheryl Strayed, Elizabeth não estava devidamente preparada. Nunca havia pedalado carregando um peso de quase 30 quilos e as pernas não estavam adaptadas a essa prática. No quarto dia correndo contra o vento, elas não só começaram a doer, obrigando-a a parar, como passaram a tremer de modo incontrolável. Elizabeth pecorreu apenas metade dos quilômetros até o acampamento, que era o objetivo daquele dia. Parou ao lado da estrada e examinou suas opções. Deveria desistir de tudo? Estava a meio caminho do objetivo e voltar exigiria o mesmo esforço que seguir em frente. Ela decidiu empreender a aventura – decisão que não importava a mais ninguém. Era a hora da verdade. Disse a si mesma: "Você resolveu fazer isto!". Subiu de novo na bicicleta, as pernas ainda tremendo de cansaço. Pareceu um milagre, mas o fato é que o vento desapareceu tão logo ela retomou a empreitada.

Elizabeth rumou para o acampamento após o escurecer, descobrindo ali que todos os espaços estavam ocupados. Mas, antes de decidir o que fazer, alguém lhe comunicou que havia lugares vagos em outro acampamento, onde, inclusive, deram-lhe comida. Após o quarto dia, depois que sua decisão foi posta à prova, ela concluiu que, em vez de avançar contra o vento, mais valia "ter o vento sob as asas" – uma de minhas expressões favoritas. Foi como se uma aura de divindade a acompanhasse pelo resto do caminho. Isso se aplica em particular a um ponto, 40 quilômetros ao norte de Monterey, quando uma ponte citada no guia não estava mais lá e não havia rota alternativa. Enquanto ela ponderava sobre o que fazer, "apareceram cinco rapazes de bicicleta

– uma situação que poderia ter sido ruim, não fossem eles cristãos conversos de Whittier, Califórnia. Tinham um mapa e convidaram-me a acompanhá-los". Dez minutos depois, seu pneu estourou – mas os rapazes tinham também um pneu reserva.

SINCRONIA E GRAÇA

Elizabeth, ao viajar de bicicleta, e Cheryl, ao percorrer a Pacific Crest Trail, falam sobre o auxílio inesperado que tiveram em seu caminho, e que eu vejo como eventos *sincrônicos.* "Sincronicidade" é um termo cunhado por Jung para descrever coincidências significativas que ocorrem entre o mundo interior e os eventos externos. Sempre que isso acontece, sinto-me agradecida e coberta de graças. Abordei esse tema em meu primeiro livro, *A Sincronicidade e o Tao* que explica a experiência de pessoas cujas ações e intenções são motivadas por uma conexão com o Self (Ego) (arquétipo de significado, divindade, o Tao, Deus/Deusa, poder superior), sentindo-se assim alvo da "ajuda do universo". Tive essa experiência, que observei também em outras pessoas, quando o ego-Self e o arquétipo se alinham. Tanto Cheryl quanto Elizabeth receberam uma diretiva interior do arquétipo de Ártemis, bem como auxílio frequente e inesperado da sincronicidade ao longo da vida. Pode-se dizer que estavam "sob a proteção de Ártemis" – tal como a pequena Atalanta quando foi salva pela mãe ursa.

Assim como Cheryl Strayed, Elizabeth escolheu o próprio sobrenome: "Danu", a deusa mãe e guerreira dos celtas. "Escolhendo esse sobrenome aos 33 anos, declarei que sou filha da

Deusa. Meu próprio sobrenome não me parecia mais relevante. Vinha de meu pai e lhe fora dado por seu padrasto, depois de se transmitir ao longo de gerações e mais gerações paternas."

Foi preciso garra, uma combinação de perseverança e paixão, para que essas duas mulheres se apegassem, sem desanimar, a uma forte decisão impulsiva. Desde o começo, tiveram de resistir aos conselhos de gente preocupada e bem-intencionada para que não seguissem seus impulsos. Conseguiram realizar o que queriam porque estavam numa época de transição. Finda a jornada, as duas haviam mudado por ter feito o que decidiram fazer; as duas, em decorrência disso, descobriram em si mesmas a força e a fé.

Anos depois, aos 45 anos, Elizabeth desenvolveu um câncer de mama (IFC, estágio 3C), bastante agressivo e que exigia tratamento à altura. Nessa crise, recorreu à mesma garra que se mostrara tão eficiente durante a viagem de bicicleta – agora, para enfrentar a quimioterapia, que a esgotava a cada sessão. Na época, seus filhos tinham 7 e 9 anos; ela vinha de um divórcio "horrível". Estava decidida a criar os filhos – mas, para isso, era necessário viver. Ela *não* deixaria o planeta! Ou seja, não perderia uma única sessão de quimioterapia, acontecesse o que acontecesse. Para vencer tudo isso, a viagem de bicicleta tornou-se sua própria história mítica. Ultrapassando a marca dos cinco anos, em 2014 continuava livre do câncer e criou um *website* para ajudar sobreviventes da doença: The Liberation of Persephone (*www.theliberationofpersephone.com*).

O rapto de Perséfone é um dos mitos gregos mais conhecidos, com o qual todos – homens e mulheres – podem se identificar, caso a analogia se aplique. Perséfone está colhendo flores num prado quando a terra se abre e, das profundezas do abismo, surge Hades, que a leva à força para o mundo subterrâneo. Num dia, está tudo bem; no outro... o abismo: o diagnóstico de câncer; a demissão; seu filho desaparece; uma pessoa de confiança a deixa ou a engana. De repente, você está num mundo repleto de incertezas, medos e possibilidades – esse novo terreno é uma selva.

Atalanta começa a vida na floresta; após a morte de Meléagro, encontra-se sozinha em outro tipo de solidão. Foi rejeitada e abandonada, logo ao nascer, porque era menina; foi considerada inadequada para Meléagro pela mãe deste; e, apesar de sua habilidade e coragem como caçadora, foi desprezada pelos outros caçadores por ser mulher.

A história de Atalanta cala fundo nas mulheres – em especial as de gerações anteriores, que, como ela, realizaram grandes coisas, mas, em vez de ser recompensadas e aplaudidas, viram-se privadas do troféu, do mesmo modo que os tios de Meléagro tentaram fazer com a pele do javali. Sabemos que as regras mudam quando a pessoa do "tipo errado" ou do "gênero errado" se qualifica para o prêmio. Recompensas que se devem ao aluno com as melhores notas ou ao funcionário que realiza o melhor trabalho vão para alguém "mais apropriado" para representar a escola ou a cidade. Pelo menos, era o que acontecia antes de o empoderamento de membros de um grupo prejudicado terem tornado tais ações indefensáveis ou politicamente incorretas, impondo como padrão a justiça e a equidade.

Muitas mulheres se lembram de ocasiões nas quais as honrarias e o reconhecimento que mereciam foram para outras pessoas. Era de esperar que se mostrassem compreensivas e não levassem isso a mal. Candace Pert, a imunologista cuja descoberta de receptores de opiáceos foi fundamental para o sucesso da pesquisa, ficou de fora da equipe de pesquisadores do sexo masculino indicada ao prêmio Albert Lasker, que conduziu ao Prêmio Nobel. Da mesma forma, Rosalind Franklin, a cientista que deveria ter levado o crédito pela descoberta da estrutura molecular do DNA e do formato em hélice dupla do cromossomo, jamais foi reconhecida por seu trabalho. James Watson, Francis Crick e Maurice Wilkins publicaram um trabalho com base na descoberta de Rosalind e receberam o Prêmio Nobel de Fisiologia (1953). Rosalind morreu de câncer cinco anos depois. Candace Pert, conhecedora da relação entre depressão e sistema imunológico, capaz de provocar o surgimento do câncer, aprendeu a lição a partir da experiência de Rosalind e não se calou: não quis ser "compreensiva" ou "membro da equipe", conforme se esperava que fosse.

Candace Pert protestou em vez de ficar em silêncio, pois é isso que deve fazer uma mulher com um forte arquétipo de Ártemis. Enviou uma carta ao presidente da fundação que concede o Prêmio Lasker, detalhando sua contribuição para a descoberta (não fora sequer citada no requerimento). Sua ousadia agitou o meio científico, não obstante, em 1979, o prêmio coube a Solomon H. Snyder, chefe do laboratório. Snyder elogiou-a em seu discurso de agradecimento e não recebeu o Nobel – ambos consequência da atitude de Candace. Conta-se que ele declarou: "O jogo é esse", acrescentando que, se ela fosse chefe do próprio laboratório, teria feito o mesmo (Schwartz, *The New York Times*,

2013). Candace, obedecendo a seu arquétipo de Ártemis, aventurou-se em novas áreas da pesquisa em neurociência, imunologia e conceitos mente-corpo. Pesquisou temas de sua escolha e fez descobertas em áreas "selvagens" de conhecimento, buscando evidências científicas para aquilo que já sabia por intuição.

TRAIÇÃO DE CAMARADAS DE ARMAS

Mulheres que respondem ao convite para se juntar às forças armadas ouvem o chamado da aventura. Prometem-lhes a oportunidade de viajar e fazer parte de uma equipe, servir ao país e receber treinamento/educação. Assim, poderão romper as limitações de uma vida comum, caso tenham coragem e garra para isso – como fez Atalanta unindo-se aos Argonautas na versão de Robert Graves em *The Golden Fleece* [O Tosão de Ouro] (2003). A mulher que se dispõe a lutar quase sempre teve experiências positivas com irmãos ou com amigos do sexo masculino. Por isso, se um homem (ou homens) com quem ela serve a agredir sexualmente, com os outros por perto sem interferir, ela será não apenas estuprada, mas também traída. Sente a perda da confiança e da inocência. Quando é violentada, humilhada e desonrada, o que não é incomum na realidade do ambiente militar, fica isolada e desconfiada dos colegas homens, com os quais percebe que não pode contar.

Nas forças armadas, as mulheres aprendem que devem acreditar no código de lealdade e confiança da corporação. Sendo assim, adquirem um profundo trauma e senso de traição quando são agredidas sexualmente por um camarada. Esse trauma e esse senso se intensificam quando relatam o caso aos oficiais superiores e sofrem retaliação, sendo muitas vezes demitidas sob falsas acusações de distúrbios mentais. Uma reportagem do *San Antonio Express-News*, de 2013, que investigou o antigo e persistente problema de agressões sexuais nas forças armadas, comprova o fato. No Relatório Anual do Departamento de Defesa (2012), citavam-se 3.374 casos de agressões sexuais nas forças armadas e apenas 238 condenações. Na verdade, a investigação secreta que o Pentágono fez de membros das forças armadas levou-o a estimar que mais de 26 mil mulheres e homens haviam sido molestados sexualmente. Mais fatos sobre esse assunto seriam revelados, em parte graças ao documentário *A Guerra Invisível* (*The Invisible War*, 2012), escrito e dirigido por Kirby Dick, e indicado para o prêmio da Academia. Kirsten Gillibrand, jovem senadora de Nova York, após assistir ao filme em casa e depois com a equipe, decidiu tornar prioritário o tema do abuso sexual entre militares. Propôs o que foi considerada uma solução radical: promotores militares, e não oficiais comandantes, decidiriam quais casos de abuso seriam levados à justiça.

E se, ao final da caçada, Meléagro não defendesse Atalanta? O troféu escaparia de suas mãos e o pior poderia ter acontecido. Com a adrenalina e a testosterona fervilhando entre os caçadores, o ego ferido pelo êxito de uma mulher num jogo de homens, o ressentimento contra ela e a necessidade de dominar – convém não esquecer que, segundo o rei, aqueles aventureiros eram capazes de tudo –, poderia ter acontecido um estupro coletivo. O *bullying* e o estupro acontecem nas forças armadas quando não há um Meléagro por perto. Alguns agridem e violentam enquanto outros participam do ato observando, sem fazer nada.

A caçada ao javali lembra, emocional e fisicamente, a experiência dos soldados no Iraque e no Afeganistão, perseguindo rebeldes e o Talibã. No início, a fera se esconde dos caçadores por entre densos arbustos. De repente, aparece e ataca – pisoteando, escorneando e dilacerando com as presas, enquanto os demais se esquivam ou tentam usar suas armas, em vão. Os caçadores lembram, assim, soldados respingados de sangue, e até de pedaços de corpos, quando os camaradas manipulam explosivos improvisados. Uma terrível experiência – eles ainda não foram atingidos, mas continuam correndo perigo. Isso faz com que caçadores e soldados agarrem suas armas com mais firmeza e fiquem ainda mais atentos. Estão cheios de adrenalina para lutar ou fugir; mas essa última opção não é viável, pois serão tachados de covardes. Quando os agressores estão escondidos ou desaparecem na multidão (ou na mata), não há inimigo a confrontar, ninguém em quem se possa descarregar o medo e a agressividade. Isso significa, para as mulheres, impotência e frustração. Quando, em combate, soldados se ferem ou são mortos pelas próprias forças, presumimos que sejam acidentes trágicos, baixas provocadas por "fogo amigo". O mesmo não se aplica à mulher estuprada por um colega e depois traída pela hierarquia militar, quando ela denuncia a agressão.

A SELVA COMO METÁFORA

A perda de um relacionamento sólido por morte, afastamento, rejeição ou traição – ou a perda de cargo, segurança financeira ou reputação; de confiança, inocência ou fé; ou ainda de saúde, com risco de morte – pode lançar a pessoa numa selva psicológica ou mundo subterrâneo onde já não há caminhos definidos a seguir nem marcos a tomar como pontos de referência. Em *Close to the Bone: Life-Threatening Illness as a Soul Journey* (2007), descrevo a experiência interior de um diagnóstico de câncer como abdução ou descida ao mundo subterrâneo, que lembram o rapto de Perséfone ou a descida de Inanna aos infernos em seus respectivos mitos. Há vida normal antes do diagnóstico e um mundo bem diferente depois. O que era importante antes já não é mais e a pessoa fica, por um tempo, sem saber o que fará ou que rumo tomar. Na selva metafórica ou no mundo subterrâneo, ela se confunde, precisando se reorientar num tempo e num lugar novos e assustadores. Está numa encruzilhada e tem de se decidir.

A perda de uma relação importante – cônjuge, amante, filho, pai ou mãe, mentor ou amigo; casa, posição ou cargo – em geral encerra uma fase da vida e inicia um período de crise pessoal. Os símbolos para "perigo" e "oportunidade" são os dois elementos que, associados, formam o pictograma chinês de "crise". No processo do nascimento, a etapa de transição é a mais perigosa para a vida tanto da mãe quanto do filho. Isso acontece quando a cabeça do bebê fica sob o osso pubiano da mãe; essa é a última fase antes do nascimento. Transição e crise seguem de mãos dadas: com a vida nova surge a possibilidade de enfrentar com êxito essa fase, caso não haja renúncia a si próprio e à vida.

Encontrar-se psicologicamente numa selva ou mundo subterrâneo metafórico é o mesmo que mergulhar no mundo interior – um mundo que pode encerrar penosas lembranças reprimidas e sentimentos recalcados. Quando coisas ruins acontecem – como a morte de Meléagro no auge das realizações de Atalanta –, há o perigo de você começar a se ver como vítima, cair em depressão ou letargia e ser envolvido por lamentos e raiva. É melhor explorar esse novo terreno, para entender seus conteúdos, do que desistir. Na selva metafórica, existem vastas regiões inexploradas. No mundo subterrâneo, há riquezas ocultas: talentos e arquétipos ainda não desenvolvidos, qualidades não aprovadas ou valorizadas pelos outros, mas que podem tornar-se fonte de significado. O bom e o mau, o ouro e a escória ali encontrados podem contribuir para a próxima etapa de sua vida, permitindo-lhe ser mais do que realmente é e pode ser.

Se, como Atalanta, você tiver autoconfiança, experiências passadas e capacidade de sobreviver – conhecimento psicológico e espiritual, mas também prático –, talvez enfrente dificuldades e solidão. Entretanto, tenha a certeza de que isso é parte da jornada de sua alma, algo que lhe dá significado. Toda a diferença está aí. Quando você está no meio da floresta ou de um bosque escuro, sabendo que precisa atravessar esse terreno, suas ações adquirem importância. O local poderá parecer um labirinto repleto de becos sem saída – que, na verdade, serão outros tantos caminhos alternativos. "Isto também passará" é um provérbio sufi que, nos piores momentos, nos ajuda a tolerar a incerteza dolorosa sem ceder ao medo ou à desesperança. É um eco à sabedoria do antigo *Livro das Mutações* chinês, conhecido como *I Ching*, segundo o qual a mudança é a única certeza. Ter discernimento para dar o próximo passo e conservar a esperança é essencial. Vaclav Havel, poeta, dramaturgo e primeiro presidente da Tchecoslováquia livre, após a opressiva ocupação soviética, disse em seu livro *Disturbing the Peace* (1986):

> *A esperança é uma orientação do espírito, do coração. Não é a certeza do final feliz, mas a convicção de que algo faz sentido independentemente do resultado.*

EM MEIO À FLORESTA

Muitas mulheres que se identificam com o arquétipo de Ártemis não perambulam indefinidamente pela floresta da depressão ou da obsessão causadas por uma profunda perda pessoal. Esse arquétipo predispõe à independência e à autonomia, que amenizam o impacto da perda de uma pessoa, ao contrário de outros, que se consubstanciam pelo fato de a mulher ser mãe (Deméter) ou esposa (Hera). Para esses arquétipos, a perda de um relacionamento, de um cargo e do senso de significado fazem da perda algo pessoal e podem torná-la incapacitante do ponto de vista psicológico.

A força para superar a perda e seguir em frente parece ser uma característica arquetípica. Contudo, isso pode confundir – como uma camuflagem – no caso de uma mulher Atalanta/Ártemis que esconde dos outros, de maneira instintiva, sua dor.

As mulheres Ártemis, porém, não costumam se perder nem se tornar prisioneiras passivas no mundo subterrâneo: essa é uma jornada de Perséfone. A resposta de Deméter à perda é uma grave depressão, enquanto Hera reage procurando ignorar seu sofrimento, acusando os outros e tentando vingar-se deles. Esses são padrões que podem se apossar de mulheres que perderam alguém importante em virtude de morte, infidelidade ou distanciamento. Entrega emocional a um culto ou subordinação a outra pessoa: eis a história de Perséfone.

O tempo que Atalanta passou na floresta não é levado em consideração na mitologia grega. Meléagro morreu logo depois da caçada; após um período indeterminado, ela voltou para a Arcádia, sua terra natal. A fim de ir das florestas de Cálidon à Arcádia, onde foi encontrar o pai que a rejeitara logo ao nascer, Atalanta teve de percorrer todo o trajeto a pé, em meio aos bosques que cobriam a maior parte do território grego. Trata-se de uma jornada por uma floresta real, mensurada em quilômetros, alguns dos quais sem dúvida percorridos em companhia da dor e da cólera – longe do olhar de todos.

FLORESTA DE POSSIBILIDADES E POTENCIAIS

Quando você está só, quando não pode mais voltar a ser o que era nem recuperar a companhia que perdeu; quando se encontra numa paisagem diferente – num lugar e entre pessoas que nunca viu e que nunca viram você –, então seu eu antigo não define mais seu eu atual. Já não há caminho batido ou estrada larga e movimentada a seguir. Nessa selva nova da mente e da realidade, se você seguir os próprios instintos – por exemplo, um forte impulso, uma intuição, um arroubo de curiosidade –, poderá abrir um caminho onde não existia nenhum, que se tornará apenas seu.

Em nossa vida, duas forças moldam aquilo que nos tornamos: expectativas externas (convencionais e quase sempre limitantes de nosso êxito, ou mesmo fracasso) e traços de caráter ou instinto (entranhados ou arquetípicos). Quando as circunstâncias – aquilo que acontece *a* você – o arrastam para um terreno desconhecido, o que existe *em* seu íntimo é posto à prova. Na floresta, há perguntas cujas respostas só são obtidas com a experiência. Como você responderá? É uma pessoa flexível? Tem coragem para seguir o que acha verdadeiro ou certo para você? Diz "não" ao que os outros querem que você seja ou faça? Consegue esperar até ter certeza do que deve fazer em seguida? Sabe reconhecer quando um "sim" é bem-intencionado ou não?

Enquanto isso, sozinho na floresta, as decisões que tomar serão quase sempre sobre pequenos passos. Cada um deles, porém, é significativo, uma oportunidade para apurar seu discernimento. Qual é o próximo passo *certo*? Se acordar numa floresta escura... o que fará em seguida?

Em meu quadragésimo nono ano de vida, lembrei-me das palavras de Dante: "Da nossa vida, em meio da jornada/Achei-me numa selva tenebrosa". Saía de um casamento de vinte anos e me achava então em minha própria selva, perguntando-me: o que fazer? A resposta veio por carta: um convite para visitar locais sagrados na Europa. Em termos de tempo e significado, essa era uma sincronia notável. Ao aceitar o convite, iniciei-me na peregrinação, o que aprofundou minha intuição física e me levou a escrever *Travessia para Avalon* (*Crossing to Avalon: A Woman's Midlife Pilgrimage*, 1994), agora, em inglês, com o subtítulo *A Woman's Search for the Sacred Feminine.* Foi o passo seguinte no caminho de minha alma.

Viajar atentando para os sonhos, as lembranças, as sincronias, as sensações e as imagens pode transformar qualquer jornada de peregrinação interior em fontes de significado. Passar um tempo em meio à natureza selvagem é uma peregrinação rumo ao sagrado feminino para muitas mulheres Atalanta/Ártemis, sobretudo para as que anotam as reflexões diárias sobre a jornada. Viajar é uma opção atraente e estimulante para mulheres Ártemis que passam por uma fase de transição e dispõem de meios para empreender uma aventura que seja também uma jornada de autodescoberta. Isso se aplica a Elizabeth Gilbert, autora de *Comer, Rezar, Amar* (*Eat, Pray, Love: One Woman's Search for Everything Across Italy, India, and Indonesia*, 2006).

Outra selva metafórica pode ser encontrada em nossa própria criatividade, em que ideias, sentimentos e imagens assumem formas novas ou são expressos de diversas maneiras, propiciando descobertas e obras originais. Todo artista, escritor, músico, filósofo ou pesquisador cujo processo criativo pressupõe uma imersão em território virgem está numa selva. Isso muitas vezes exige o afastamento de instituições e pessoas de mente convencional – sejam elas terapeutas, artistas ou eruditos –, para ver as coisas com outros olhos. Georgia O'Keeffe é exemplo de uma artista cujo estilo próprio emergiu depois de ter vivenciado e se apropriado dos efeitos de uma experiência nas Grandes Planícies dos Estados Unidos. Após uma visita ao Novo México, Georgia concluiu que aquela era a paisagem mais apta a incentivá-la e inspirá-la; mudou-se então para lá depois da morte do marido, Alfred Stieglitz. Para Ártemis, o país da alma é seu mundo natural.

Atalanta tem de abrir caminho pela floresta, onde só há trilhas de animais, e obstáculos como rios e encostas muito íngremes a desafiam. Ela precisa procurar frutas ou caça para sobreviver, além de encontrar abrigo à noite. Viaja rápido, parando apenas por breves períodos em algum lugar. Isso não difere da situação de mulheres privadas de emprego, escola ou relacionamento, que antes definiam a própria vida, mas agora se veem atormentadas até por preocupações financeiras. Ficar num arranjo provisório na casa de pais, parentes ou amigos pode ser necessário, sobretudo quando há desemprego e recessão econômica.

Atalanta decide voltar para a Arcádia, onde nasceu, sem saber como será recebida. Isso exige uma coragem diferente da que lhe foi necessária para abater o javali. A jovem sabe que tem valor e habilidade como caçadora, mas ignora se será bem-vinda em casa. Essa é uma decisão emocional, na esperança de que haverá um lugar para ela, agora que provou sua valentia. O mesmo esperam as filhas que foram rejeitadas pelos pais e venceram no mundo: acham que os pais se orgulharão delas. Mas alimentam uma esperança ainda maior: a de que lhes darão seu amor. Esperar por isso, sabendo embora que talvez não aconteça, expõe vulnerabilidade – é, portanto, um ato de coragem. O mesmo se aplica às jovens que foram adotadas e, mais tarde, procuram a mãe biológica. E também à mãe que entregou o filho para adoção e depois, quando ele já está adulto, quer conhecê-lo. É preciso coragem para amar quem talvez não retribua e querer ser amado ou perdoado. Isso, sem dúvida, exige coragem de outro tipo, mas a coragem é como um músculo, que cresce com o exercício. Além do mais, a coragem numa área da vida transmite-se às demais.

Não importa o que aconteça, a "volta ao lar" – a busca de uma mãe biológica, de um filho dado para adoção ou de pessoas outrora importantes para nós, com quem perdemos ou rompemos contato, em especial quando a iniciativa partiu de nós (o que é típico de Ártemis) – é um encontro ameaçado pela possibilidade de rejeição e raiva ou de consequências pelas quais fomos, ao menos em parte, responsáveis. Ainda assim, esse retorno é também bastante benéfico e revelador, mesmo (ou sobretudo) quando sua sombra é que se revela para você. Então, podem-se receber lições inesperadas de humildade ou compaixão por si mesmo e os semelhantes. A hora e a decisão de fazer isso ocorrem muitas vezes durante uma fase de transição. Seguir adiante em termos psicológicos às vezes exige o retorno a relacionamentos passados, o que pode ocorrer em pessoa, como Atalanta se dispõe a fazer. Entretanto, voltar para casa do ponto de vista psicológico é tarefa da psicoterapia e da análise, que para muita gente significa encontrar sua criança interior abandonada.

Capítulo Seis

A Corrida e as Três Maçãs de Ouro

A fama de Atalanta a precede na Arcádia e junto a seu pai. Anos se passaram, e ele não teve o herdeiro que desejava; assim, quando fica sabendo que Atalanta é a criança abandonada sob sua ordem, reconhece-a como filha.

No mundo atual, Atalanta representa a filha esquecida que obteve sucesso e se tornou a pessoa que é por conta própria. Às vezes, um filho legítimo ou adotivo não mostra a competência ou a ambição que o pai espera dele; ou talvez o pai – desconfiado, assim como em histórias reais ou míticas, de filhos que possam depô-lo ou sobrepujá-lo – resolva enfim educar uma filha para que ela assuma deveres, expectativas e responsabilidades de herdeira legítima.

No mito, a própria Atalanta se torna o prêmio a ser ganho. É bela, famosa, herdeira de um reino. Quando ela subir ao trono, seu marido será rei. Pretendentes não faltam, mas Atalanta não se mostra interessada. Porém, uma vez reconhecida pelo pai, tem de se submeter novamente a ele. Tal como ordenou seu abandono logo após o nascimento, o rei pode agora exigir que ela se case. Atalanta não é mais uma mulher livre, aventureira, capaz e independente, com objetivos próprios. Já não tem domínio sobre si mesma. Enquanto não se casar, pertencerá ao pai; depois, pertencerá ao marido.

ATALANTA DE PÉS VELOZES

Atalanta é tão famosa como corredora quanto como caçadora. Mulheres que correm são comuns hoje em dia – muitas fazem disso sua rotina. Correr combina bem com Ártemis, pois é algo que uma mulher pode realizar sozinha, saindo de casa e do trabalho para o ar livre – em trilhas ou parques, o mais perto possível da natureza. Há muito de pessoal no ato de correr: fazemos isso porque queremos e porque a atividade nos agrada. Quando decidimos percorrer determinada distância e melhorar nosso desempenho, esse é um objetivo de nossa total escolha. Se nos dispomos a participar de uma corrida, o motivo mais comum é alcançar um objetivo pessoal. Correr nos faz sentir competentes; temos domínio sobre nós mesmos enquanto o fazemos – podemos, ainda, espairecer a mente e permanecer no momento atual. Os corredores penetram uma "zona" associada à endorfina: o "barato do velocista".

As mulheres participam de corridas de diversas modalidades, dos cem metros à maratona. Muitos desses eventos são para angariar fundos em prol de boas causas. A Corrida pela Cura, que ajuda nas pesquisas do câncer de mama, é um evento bastante conhecido e bem organizado para o qual mulheres recrutam amigos e parentes em apoio a seus esforços. Cada patrocinador doa determinada quantia por quilômetro que o corredor percorre. O princípio se aplica a qualquer causa semelhante que os corredores queiram divulgar para obter fundos. Soube mais como isso funciona quando Heather C. Brewer, estudante universitária da Carolina do Norte, Estados Unidos, promoveu uma corrida a fim de angariar fundos para o Earth Child Institute, depois de descobrir, em meu livro *Like a Tree* (2011), o que esta instituição faz.

Outra corrida, Mulheres do Congo, foi inspiração de Lisa Shannon, que, depois de assistir ao programa *The Oprah Winfrey Show* numa certa tarde, ficou impressionada ao tomar conhecimento da "guerra sobre a qual não se tem notícia". Ela obteve, da jornalista Lisa Ling, informações a respeito da violência no Congo, que chacinou 4 milhões de pessoas, além dos estupros atrozes e da escravidão sexual impostos todos os dias às mulheres. Zainab Salbi, fundadora da Women to Women International, organização que ajuda congolesas a se curar e se empoderar, mostrou um vídeo delas. A expressão no rosto dessas mulheres fundamenta os argumentos de Lisa. A Women to Women International é uma organização sólida e eficiente que oferece oportunidade de patrocínio àquelas que se tornaram a tragédia colateral de conflitos pelo mundo afora. Uma mulher congolesa pode ser patrocinada por 27 dólares mensais; Lisa decidiu que o faria. E, ao perceber que estava na iminência de se afastar de seu compromisso, deteve-se por um momento e pensou: "Isso tem de ser feito agora, antes que o projeto se torne mais uma coisa que eu *queria* fazer". Correu então ao computador e se inscreveu para patrocinar duas mulheres (uma das 6 mil telespectadoras do *The Oprah Winfrey Show* que tomaram essa decisão).

A percepção de que precisava fazer algo mais não saía da cabeça de Lisa. Ela tentou convencer algumas amigas a ajudá-la na promoção de uma caminhada ou corrida de cinco quilômetros em prol das mulheres do Congo, mas nenhuma delas concordou ou sequer quis ouvir sobre o conflito. Lisa sabia que precisava fazer alguma coisa para convencer os amigos e a família de que aquele ato envolvia muita seriedade, além de seu interesse pessoal. Resolveu atravessar toda a extensão da floresta Wildwood, até os West Hills de Portland. Queria arregimentar 31 patrocinadores – um para cada milha percorrida. De início, não contou nada a ninguém, pois ignorava se seria capaz de chegar ao fim daquela trilha difícil. Antes, só corria casualmente.

Seu preparo exigiu quatro meses de treinamento árduo. A cada dia, ela ia para a trilha sozinha; a cada semana, percorria o maior trajeto de sua vida. A mãe pediu ao jornal *The Oregonian* que publicasse um artigo sobre a corrida; amigos promoveram eventos em que ela mostrava clipes do *The Oprah Winfrey Show* e explicava por que decidira correr. Sua dedicação era convincente. No grande dia, ela correu os mais de 50 quilômetros e levantou 28 mil dólares, que serviram de patrocínio a oitenta mulheres congolesas. Sua Corrida pelas Mulheres do Congo foi uma atividade de base – algo que se sentiu movida a fazer para ajudar aquelas mulheres. E a coisa não parou por aí. Lisa foi ao Congo para conhecer as mulheres que patrocinava, o que a motivou a escrever *A Thousand Sisters: My Journey into the Worst*

Place on Earth to Be a Woman (2010). Um passo certo leva a outro passo certo, e este conduz ao seguinte – é assim que a maioria das ativistas sensíveis a uma causa descobrem que estão empreendendo uma jornada de alma.

Mulheres que correm não são novidade hoje em dia; mas é preciso consciência e união para que isso aconteça. Em 1972, seis mulheres participaram da Maratona de Nova York, desafiando a União Atlética Americana (UAA), que proibia mulheres no evento. A UAA justificou o preconceito alegando pesquisas "científicas" sem fundamento, inclusive uma segundo a qual as mulheres, caso corressem mais de alguns quilômetros, poderiam ficar estéreis. O organizador da maratona, por condescendência, conseguiu que a UAA cedesse em alguns pontos: "algumas mulheres" poderiam fazer parte da maratona desde que partissem 10 minutos antes ou depois dos homens, numa linha de largada diferente. Um artigo na *Runner's World* (Robinson, outubro de 2012) descreveu a cena. Seis mulheres se perfilaram na linha de largada para a partida com 10 minutos de vantagem. Ficaram lado a lado, o tiro soou, e elas se sentaram, fazendo gestos que ridicularizavam a UAA. A foto ocupou quatro colunas da edição de domingo do *The New York Times* e ajudou a provocar uma revolução nas corridas para mulheres.

Nina Kuscsik, uma dessas seis corredoras, fez história nesse esporte em 1972, quando se tornou a primeira mulher a vencer a Maratona de Boston. Outra imagem duradoura de uma corredora pioneira foi imortalizada apenas cinco anos antes, em 1967, também em Boston. A foto mostra o furioso diretor da maratona atacando Kathrine Switzer em plena corrida e tentando arrancar-lhe o adesivo com o número, mas sendo impedido pelo namorado dela (outro homem no papel de Meléagro). Numa época em que as mulheres eram proibidas de competir, Switzer se tornou a primeira mulher a terminar a corrida, com um número não oficial na camiseta.

"Como se atrevem?" é a frase enfurecida dita às mulheres que não obedecem nem ficam no devido lugar. O patriarcado e os machos patriarcais (felizmente, há cada vez mais homens que não o são) tratam as mulheres como crianças que devem obedecer; como propriedades suas ou criaturas inferiores sem valor. Quando as mulheres se comportam como se fossem iguais e adquirem poder para decidir o que farão, até mesmo quebrar regras discriminatórias, a resposta patriarcal é: "Como se atrevem?".

MUDANÇA DE PRESSUPOSTOS E ACORDOS

Depois que Atalanta é reconhecida (e legitimada) pelo pai, este espera que ela cumpra suas obrigações de filha, a primeira das quais é casar-se. No mito, porém, Atalanta impõe condições. O homem com quem vai se casar deverá derrotá-la numa corrida. E, se o candidato perder, morrerá. Essa condição desencoraja alguns aventureiros, mas é um desafio para quem se julga vencedor – sem, é bem provável, jamais ter tido a experiência de perder para uma garota. A reputação de Atalanta, na mitologia grega clássica, de mortal mais veloz ainda não estava estabelecida, o que só aconteceria depois dessas corridas.

Os competidores se sucedem – e são derrotados. Como metáfora, homens que competem com mulheres e as subestimam tão somente pelo fato de serem mulheres, ou superestimam a própria capacidade, sentindo-se naturalmente superiores, perdem mais do que uma corrida quando são vencidos por uma delas. Sentem-se humilhados. Quando respeitam a mulher que compete com eles, contudo, a história é diferente.

De início, as corridas entusiasmam Atalanta. Ela quer vencer a todo custo. Depois, quando homem após homem a desafia, perdendo a disputa e a vida, aquilo se torna uma rotina. Atalanta sabe que é a melhor e que as corridas não constituem um desafio real. O mesmo acontece a mulheres que invadem o mundo competitivo dos homens e mostram excelência naquilo que fazem. A Atalanta/Ártemis que existe nelas se farta de vitórias depois de desenvolver as habilidades exigidas e descobrir que não há terrenos novos a explorar. Vencer por vencer ou para adquirir mais poder e dinheiro não são as principais motivações de uma Ártemis. Ela também não se interessa por pretendentes que se sentem atraídos por ela ou a veem como prêmio. Beleza, fama e posses tornam uma Atalanta atraente aos olhos dos homens, mas, para ela mesma, não passam de atributos superficiais.

HIPÔMENES E A CORRIDA

Por fim, resta apenas um pretendente: Hipômenes. Os demais tentaram derrotar Atalanta para adquirir uma esposa-troféu e um reino. Já Hipômenes, vendo-a correr, teme a cada vez que outro homem consiga vencer e desposá-la. Sabe que Atalanta pode derrotá-lo; mas, como a ama, arrisca a vida e se apresenta. Talvez saiba de sua tristeza pela morte de Meléagro e de como saiu de Cálidon, onde só havia lembranças dolorosas para ela.

Na noite anterior à corrida, Hipômenes pede a Afrodite, deusa do Amor e da beleza, que Atalanta o ame e que ele a vença. Todos os outros competidores também oraram antes da disputa, mas se dirigiram a Hermes, Zeus ou Ares, implorando por velocidade ou força a fim de superar Atalanta. Afrodite percebe, na prece de Hipômenes, a ânsia de vencer por *amor*, e, quando ele desperta de manhã, avista três brilhantes maçãs de ouro deixadas pela deusa.

Atalanta espera, na linha de partida, que a última corrida comece. Não sente nenhum prazer com a perspectiva de derrotar o novo desafiante, o que, para ela, já tem resultado certo. Quando Hipômenes se aproxima, ela nota que o rapaz tem as mãos pousadas sobre o cinto da túnica (onde escondeu as três maçãs de ouro) e acha isso estranho: Meléagro fizera um gesto semelhante antes de morrer. Ela banira esse momento terrível da mente junto com as lembranças do convívio e das horas idílicas que vivera com ele.

A mulher Ártemis/Atalanta pode muitas vezes ignorar lembranças para se concentrar em algo atual que desperte seu interesse. Os corredores de longa distância se arremessam para a frente a fim de alcançar novos objetivos e não olham para trás enquanto correm. Contudo, olhar para trás, lembrar-se e refletir sobre experiências passadas é a tarefa interior que absorve as mulheres sob esse arquétipo. Até a metade da vida ou da carreira, em especial quando se voltam para o exterior, ostentam aspectos de Ártemis como deusa da caça. Quando deixam de correr e perdem interesse na vitória, assumem Ártemis como deusa da Lua. Isso as dirige para o interior: passam a refletir sobre o passado, a valorizar os sonhos e a vislumbrar tons de cinza no comportamento ou na motivação delas mesmas e dos outros. Não julgam mais as pessoas e as circunstâncias apenas em termos de branco ou preto, bom ou mau, certo ou errado. Graças à reflexão, agora conseguem perceber que esses padrões e a compaixão podem se mesclar.

Atalanta, lembrando-se da morte de Meléagro, perde a concentração no instante em que é dado o sinal de partida. Hipômenes logo dispara pela pista, e Atalanta, distraída, concede-lhe uma boa dianteira. Quando se dá conta de que a corrida começou e de que Hipômenes já está longe, reassume o usual eu competitivo e, como é boa nisso, não tarda a alcançar o desafiante. Em questão de segundos, emparelha-se com ele. Mais algumas passadas e o ultrapassará – mas isso não acontece. Nesse momento, Hipômenes atira uma das maçãs à frente da jovem. O fruto é belo demais, sobretudo à luz do sol, para ser ignorado. Atalanta retarda o passo a fim de apanhá-lo e Hipômenes toma a dianteira.

A essa altura da corrida, sabemos que restam ainda duas maçãs de ouro. O que representam? O que costuma aparecer na vida de uma mulher Atalanta/Ártemis para distraí-la; para fazê-la imergir em seu íntimo e reagir a outras exigências de sua psique?

A primeira maçã: percepção da passagem do tempo

Atalanta é atraída pela beleza refulgente da primeira maçã de ouro. Pega-a, admira-a e vê seu rosto refletido nela, distorcido pelas curvas do fruto. Um pensamento lhe ocorre: é assim que parecerei quando envelhecer.

As mulheres que se concentram naquilo que estão fazendo, que se impõem objetivos de longo prazo ou privilegiam as realizações e o domínio de alguma atividade quase nunca prestam muita atenção à passagem do tempo. Não antecipam os efeitos dos anos no próprio rosto. Aquelas para quem é essencial atrair homens acolhem o início da velhice com um suspiro ou um franzir de cenho muito antes que uma Ártemis/Atalanta perceba os sinais da passagem do tempo – ou note que já não é mais tão entusiasmada por desafios e objetivos, nem tão fascinada por explorações e novos horizontes. Ao lhe ocorrer que a maçã exibe sua aparência quando ela envelhecer, Atalanta reflete sobre algo que nunca lhe ocorrera: *eu* vou envelhecer algum dia.

A percepção, neste caso, é da passagem do tempo. Isso pode acontecer em qualquer momento da idade adulta, principalmente quando há metas a atingir: as expectativas do tipo "agora você deve ter...". De meados dos 30 a meados dos 40 anos, a ideia da meia-idade surge quando você constata que algumas décadas passaram com bastante rapidez. Os anos que lhe restam talvez igualem os que se foram – e como se foram depressa! Hoje, as pessoas vivem mais e são mais saudáveis; a vitalidade estende a vida e a torna melhor. Mulheres ativas e empenhadas de 60, 70 ou mesmo 80 anos devem fazer uma pausa e atentar para a passagem do tempo, reconhecendo que a linha de chegada já está à vista. Atingir a idade cronológica em que nossos pais morreram não raro nos leva a interromper a corrida e refletir com mais objetividade que antes, pois atingimos a mesma idade. Pensar sobre a passagem do tempo pode também levar à constatação de que a morte sobrevém em qualquer fase da vida; não são apenas os octogenários que devem ter seus papéis, testamentos e finanças em ordem ou chamar as pessoas que de fato importam para lhes falar com franqueza.

A segunda maçã: percepção da importância do amor

Quando Atalanta diminui o ritmo para pegar a primeira maçã de ouro e se detém a fim de admirá-la, Hipômenes toma a dianteira. Ao perceber isso, ela se concentra mais uma vez na corrida e, sem esforço, alcança-o. Vai ultrapassá-lo, mas Hipômenes atira outra maçã, que rola para o lado da pista. Atalanta apanha-a, dando tempo ao concorrente de se adiantar.

A segunda maçã dourada desperta em Atalanta a ânsia de proximidade física e emocional que teve antes com Meléagro. A dolorosa lembrança trazida de volta pelas mãos de Hipômenes pressionando o ventre evoca também os bons tempos que havia passado com Meléagro e as maravilhosas experiências que com ele partilhara. É comum não querer pensar num relacionamento que terminou de maneira dolorosa; mas, quando vêm à tona ao mesmo tempo as doces lembranças, uma importante pergunta se impõe: não teria sido melhor não ter amado?

Atalanta começa a vida aprendendo a contar com a natureza e os animais, não com os seres humanos. Podemos dizer que ela própria "se criou": graças ao arquétipo e às circunstâncias, aprendeu a ser autossuficiente. Como criança, bastava-se; não precisava de ninguém. Talvez tivesse amiguinhos imaginários, além dos pássaros e outros animais.

Meléagro consegue superar a desconfiança de Atalanta, tornando-se seu companheiro e defensor. Admira sua competência, acha-a bonita. É sua contraparte masculina e, talvez, seu amante – embora, o que é mais provável, ela não o ame como ele a ama. Ambos exploram as matas e caçam juntos. Meléagro é seu primeiro e melhor amigo – até que a mãe dele atrapalhe o relacionamento e o mate, deixando-a com a dor e a perda. Entretanto, quando nos lembramos de tudo e sabemos que um relacionamento foi importante para a evolução da alma, não importando como terminou, sentimos gratidão por ter tido aquela experiência e aquela pessoa. E, não importa quanto o relacionamento dure, podemos até sentir gratidão pela dor que acompanha a perda. Talvez pareça estranho gostar do sofrimento; mas, se aprendermos que não há simpatia por lágrimas e tristeza, mas que temos uma força de vontade inata e a capacidade de nos concentrarmos, o sofrimento é controlado, e as lágrimas, contidas. Quando esses sentimentos por fim afloram e soluçamos de dor profunda, abre-se um canal para nossas emoções, que se tornam mais acessíveis a nós e nos permitem abrir o coração aos outros.

Afrodite desperta em nós o anseio amoroso e provoca a atração. Vendo a outra pessoa banhada no resplendor dourado da deusa, somos subjugados pelo afeto e pelo senso de beleza que nos envolvem. Quando a lembrança de um evento passado não se concentra nos aspectos negativos; quando recordamos a sensação de amar e ser amados, desejamos sentir tudo isso de novo. E, se essas sensações forem combinadas com a percepção da passagem do tempo, poderá renascer a aceitação do amor e do convívio, pouco importando a idade.

A terceira maçã: percepção da urgência da necessidade de criar

Com a linha de chegada à vista e Atalanta emparelhada com Hipômenes, ele deixa cair a terceira maçã de ouro. Por uma fração de segundo, a jovem hesita: deverá cruzar a linha de chegada e vencer a corrida ou apanhar a maçã e perder? Estende a mão para o fruto, e Hipômenes, cruzando a linha, ganha a disputa – e também Atalanta.

Quando Afrodite faz despertar o instinto materno, graças à sua atração alquímica, o arquétipo da mãe (Deméter) faz de tudo para desviar a mulher concentrada em seus objetivos e que, até então, não sentia fascínio por crianças nem vontade de ter filhos. O desejo e o despertar do instinto de ser mãe é que afastam a mulher de sua carreira, permitindo que outros a ultrapassem. Querer ter filhos pode se tornar um anseio premente e surpreendente para uma mulher que jamais viu importância nisso. Mas, quando Afrodite lança seu feitiço, em conluio com Deméter, o bebê se torna o que há de mais desejável.

Isso é bem diferente de querer ter um bebê para completar uma imagem a ser passada ou traçar um "x" numa lista de afazeres. Ou, como muitas vezes acontece, supor que toda mulher quer ter pelo menos um filho, e que esse filho deve estar sempre em primeiro lugar. Para as mulheres arquetipicamente maternais, ser mãe ou não conseguir engravidar é um grave problema sentimental. Quando o arquétipo e o papel a desempenhar se fundem, ser maternal aquece a alma e se torna fonte de significado. Mas, quando a mulher não é, no fundo, essa pessoa, ser mãe em tempo integral leva ao que Betty Friedan descreveu em *Mística Feminina* (*The Feminine Mystique*, 1963) como "o problema sem nome". Ela fala de mulheres "que têm tudo" – marido com carreira, filhos, casa num bairro elegante provida de todas as conveniências modernas – e alimentam a expectativa de que essas coisas serão capazes de fazê-las felizes. Quando isso não acontece, culpam a si mesmas. São mulheres que não encontram razão de ser nos papéis que desempenham nos relacionamentos: os de esposa e mãe.

Hoje, espera-se que as mulheres trabalhem e tenham vida pessoal, não raro com a exigência extra de conseguirem um emprego por razões financeiras. Desse modo, as que querem sobretudo ser mães se sentem em desvantagem por não poder cuidar dos filhos em tempo integral, precisando deixá-los com outros. Por outro lado, mulheres não maternais que engravidam porque era isso o que se esperava delas não permitem que eles comprometam sua carreira ou causa e, mal dão à luz, colocam o bebê nos braços de outra pessoa, voltando de imediato à corrida. Algumas, conhecendo-se bem e sabendo que os filhos merecem mais do que elas são capazes de oferecer, decidem nunca tê-los. Descobrem, porém, que precisam permanecer sempre na defensiva devido às expectativas alheias. Inventou-se uma contrapartida para "sem filhos": "livre de filhos". No caso dessas mulheres, é preciso ter autoconhecimento e coragem para fazer semelhante escolha, que leva em conta o profundo compromisso com uma vocação ou causa, e ainda a certeza de que a maternidade não é para elas.

A terceira maçã de Afrodite pode ser aquela que desperta numa mulher Atalanta sua capacidade criativa. Ela pega o fruto dourado e abandona a corrida, que a absorvia por completo até então. Sente-se atraída por algo que lhe promete dar o que um bebê ou a persistência no mesmo caminho não lhe dariam. Sob a influência dessa maçã de ouro, a mulher passa a sentir a necessidade de tirar algo da alma e da experiência – isto é, *criar*, e não *procriar*. Por meio da pintura, música ou escrita ela fica totalmente absorvida, sentindo o prazer e o fascínio dessas práticas. Ou pode se entregar a uma causa na qual deseja investir sua experiência, talentos e paixão, tornando-se tão devotada a ela e ao anseio de fazer diferença graças ao que empreende quanto uma mulher maternal em relação a seu filho.

As maçãs de ouro de Afrodite lançam seu feitiço sobre Atalanta desde o início, quando elas ainda estão ocultas sob o cinto da túnica de Hipômenes. Atalanta é receptiva à influência de Afrodite por várias razões. A tarefa imediata já não a atrai; é apenas mais uma corrida que pode vencer facilmente. Mas essa corrida será também o fim de Hipômenes, que a ama e talvez tenha tocado seu coração. Quando Atalanta o vê se aproximando da linha de partida com as mãos sobre o cinto, lembra-se de Meléagro – e isso abre as portas da memória que ela havia fechado.

Lembranças das quais nos desligamos continuam vivas no inconsciente pessoal, esquecidas por um tempo, mas acessíveis. Fragmentos delas podem aparecer em sonhos; mas, até que consigamos desviar a atenção das atividades do mundo exterior, resta pouco espaço na psique para virem à tona. Com as lembranças vêm sentimentos, ideias, reflexões. O interesse por aquilo que possa estar no inconsciente pessoal parece escancarar uma porta para o inconsciente coletivo, para a linguagem simbólica e a relevância dos mitos na vida pessoal. A essa esfera é que venho conduzindo meus leitores.

Na versão romana da mitologia grega, o mundo subterrâneo é presidido por Plutão, o senhor do submundo, cujo nome significa "riquezas enterradas". Tudo quanto deixamos de aprimorar se acha lá: nosso talento natural não aproveitado, as fontes de alegria e tristeza segundo as quais estamos ligados ao resto da humanidade, os padrões arquetípicos comuns a todos nós. Como disse o poeta romano Terêncio: "Nada do que é humano me é estranho". Quando a terceira maçã de Afrodite simboliza criatividade, uma Atalanta que prefira pegá-la passa para o mundo arquetípico, que aprofunda a imaginação, a empatia e o entendimento.

Em *As Deusas e a Mulher*, coloco Afrodite numa categoria própria, como deusa alquímica. Em sua mitologia, ela tem um poder impressionante, irresistível. Faz com que todos os mortais e todas as divindades – exceto as deusas virgens – se apaixonem, esqueçam suas preocupações e laços usuais, e concebam uma nova vida. Afrodite desperta uma atração carregada de beleza magnética e subjetividade, como em "a beleza está nos olhos de quem vê". Inspira poesia e um discurso persuasivo, simbolizando a força transformadora e criadora do amor. Valoriza mais experiências emocionais com outras pessoas do que a independência, que caracteriza a deusa virgem (Ártemis, Atena, Héstia), ou as qualidades e os vínculos que definem a deusa vulnerável (Hera, Deméter, Perséfone). Quando a influência de Afrodite se faz sentir, o momento presente é tudo o que importa. O foco se concentra na pessoa ou no objeto amado, como também na tarefa criativa que absorve por completo. Sob o feitiço de Afrodite, ocorrem distorções do tempo. Quando você está com a pessoa amada ou envolvido em trabalho criativo, perde a noção do tempo; horas parecem minutos, e um momento atemporal lembra o agora eterno.

Mulheres que não têm como arquétipo as deusas virgens mostram-se muito mais suscetíveis a Afrodite. Do ponto de vista emocional, costumam se apaixonar cegamente. Ficam, com mais facilidade, obcecadas por outra pessoa e se deixam dominar por uma personalidade mais forte, sentindo que seu valor depende de manterem um relacionamento definido como esposas, amantes ou mães. Quando Afrodite é o arquétipo dominante numa mulher, sobretudo jovem e atraente, essa mulher se vê muitas vezes dividida entre o arquétipo que a orienta (sensualidade, vivência no momento presente) e as consequências de ser dada ao erotismo e ser insensata (gravidez, má reputação, vitimização).

Até a corrida, Atalanta não está sob a influência da atração de Afrodite. Durante a corrida, entretanto, vê-se às voltas com um conflito interior entre correr e vencer ou sucumbir ao feitiço das maçãs e de Hipômenes. Toda vez que o jovem atira uma maçã de ouro em seu caminho, ela se distrai. Logo se recupera, percebe que está ficando para trás e procura anular a distância. Mas, no fim, Afrodite prevalece sobre Ártemis e seu foco competitivo orientado para alcançar metas.

O que as maçãs de Afrodite significam para você? Percepção da passagem do tempo? Amor e intimidade? Um bebê? Criatividade? Ou algo mais?

ATALANTA E HIPÔMENES

Atalanta se inclina para pegar a terceira maçã dourada de Afrodite... e perde a corrida. Mas se apossa do fruto e de Hipômenes como marido. Até essa corrida, Atalanta se identifica com Ártemis: vai atrás de seus objetivos, é autossuficiente e competitiva. Na vida real, conhecemos histórias que parecem fundamentadas na atração dos opostos. Um homem como Hipômenes, apaixonado por Atalanta, deve tê-la admirado a distância. Provavelmente, não é ambicioso nem talentoso como ela; não compete com Atalanta nem se sente diminuído por ela. Seu amor inclui o desejo de cuidar da vulnerabilidade dela, vulnerabilidade essa que ela esconde – dos outros e dela própria. Se a terceira maçã despertar em uma Atalanta a vontade de ter um bebê, e se ela for afetada pelo veloz relógio biológico, talvez perceba as qualidades paternais de Hipômenes e se sinta atraída por elas. Tempo houve em que o paladino ou o provedor se encaixavam na definição de um bom marido; entretanto, uma Atalanta bem-sucedida tem também essas qualidades.

Para as pessoas aferradas a uma noção tradicional e patriarcal do casamento, a mulher deve "buscar coisa melhor" do que um homem que ganhe menos e tenha menos cultura que ela. Essas pessoas serão ainda mais implacáveis caso ele se torne o elemento principal depois da chegada dos filhos: caso se encarregue de comparecer às reuniões da escola e fique em casa quando um deles adoece. Embora a maioria das uniões Atalanta/Hipômenes não apresente esse caráter, os cônjuges em geral são igualitários e cada qual desempenha parte do papel tradicional do outro.

Uma Atalanta não se sente atraída por homens patriarcais, que consideram viúvas e mulheres em geral propriedades ou instrumentos de suas necessidades. Indagada sobre o motivo de ser solteira, Gloria Steinem respondeu certa vez numa entrevista: "Não me dou bem com a escravidão!". A pergunta deixava implícito que toda mulher atraente devia ser escolhida por alguém. Mulheres solteiras ouvem a mesma pergunta, de cujo subtexto se dão conta: "Deve haver algo de errado com você". Os homens escolhem, afinal de contas, e tanto o papel quanto o valor da mulher se baseiam nesse princípio em várias partes do mundo e em muitas famílias.

Culturas com um deus masculino no ápice do panteão e homens feitos à imagem e semelhança desse deus não consideram as mulheres iguais: elas são propriedades. Esse é um ponto de vista em transição nos Estados Unidos, mas continua sendo adotado e aplicado em sociedades mais fundamentalistas no resto do mundo. No que diz respeito a arquétipos, a diferença entre os homens, que sugiro em *Os Deuses e o Homem* (*Gods in Everyman*, 1989), é entre os que se identificam a princípio com os arquétipos paternos (tendendo a ser patriarcais) e os que se identificam com a "geração dos filhos" (sendo mais igualitários). Os papéis patriarcais para as mulheres fazem delas filhas, esposas e, por fim, mães.

O casamento patriarcal ocorre entre duas pessoas que se consideram quase espécies diferentes, cada uma se conformando a expectativas ou estereótipos de seu gênero. Dividem responsabilidades e qualidades psicológicas. Os maridos costumavam falar: "Ela é minha cara-metade", querendo dizer com isso que ele ficaria no mundo competitivo e agiria de conformidade com esse mundo, enquanto a esposa faria as vezes de dona de casa e seria a parte mais atraente e afetuosa do casal. As qualidades humanas são distribuídas em forma de curva de sino entre machos e fêmeas. A cultura molda quais são aceitáveis em um e outro sexo, enquanto os indivíduos aprendem quais partes de si mesmos devem oprimir para se encaixar no estereótipo aceitável. As qualidades que desenvolvemos resultam da natureza *e* da criação, a matriz das influências genético-arquetípicas e familiar-culturais.

A distribuição das qualidades humanas entre homens e mulheres de fato lembra duas curvas de sino sobrepostas: algumas mulheres (como Atalanta) possuem mais qualidades masculinas do que a maioria dos homens, e alguns homens (como

Hipômenes) possuem mais qualidades femininas do que a maioria das mulheres. Somente quando meninos e meninas, homens e mulheres ficam livres para desenvolver suas qualidades humanas – os talentos naturais de que as crianças são dotadas e que o patriarcado atribui a um ou outro gênero (deixando, assim, de considerar os transgêneros) – é que conseguem ser eles mesmos. Pesquisadores da área da empatia descrevem as mulheres como o sexo mais dotado dessa qualidade; entretanto, há homens que a têm de modo mais marcante que a maioria das mulheres, do mesmo modo que há mulheres mais focadas em objetivos que a maioria dos homens.

O SAGRADO MATRIMÔNIO INTERIOR – *CONIUNCTIO*

Outra maneira de ver o casamento de Atalanta e Hipômenes é considerá-lo uma união interior ou *coniunctio* (que em latim significa "junção"), um conceito desenvolvido por C. G. Jung. Refere-se a uma união de opostos, na psique, que leva à completude. O conceito de *anima/animus* de Jung postula que todo homem possui uma *anima*, um aspecto feminino, em sua psique; do mesmo modo, toda mulher possui um aspecto de gênero contrário, o *animus*. Ambos os aspectos devem ser levados à consciência. Na visão de Jung, a *anima* do homem e o *animus* da mulher são, por definição, menos conscientes e, portanto, inferiores a qualidades similares, desenvolvidas pelo ego, no outro sexo. Essa teoria funciona para mulheres e homens detentores de características típicas de papéis estereotipados – mulheres que não foram educadas para ter responsabilidades nem autoridade no mundo; homens que não cuidam dos filhos pequenos, não fazem tarefas domésticas nem são estimulados a se interessar por arte.

Os padrões psicológicos típicos de um homem e de uma mulher podem se aplicar à maioria dos membros de cada sexo, mas não chegam a um número significativo numa curva de sino normal de qualidades humanas. Quando essas qualidades são vistas como parte de um *continuum*, e não definidas como "masculinas" ou "femininas" num sistema binário, Atalanta e Hipômenes podem ser considerados um par atípico, mas normal, de opostos que se atraem mutuamente. Essa atração de opostos também existe em casais homossexuais.

Casais em que as duas pessoas se tornam únicas e completas em geral se formam com cada parceiro admirando no outro algo diferente dele próprio, sendo isso parte da atração entre os dois. O potencial de transferir ao consciente algo de belo que existe no inconsciente equivale a um anseio de plenitude, sendo parte da atração alquímica que Afrodite induz entre duas pessoas cujas diferenças as atraem mutuamente.

E NÃO FORAM FELIZES PARA SEMPRE

Nas versões da história de Atalanta que remontam à Grécia Antiga, o mito não acaba no fim da corrida. Ao contrário, quase como se fosse um pós-escrito, ficamos sabendo das consequências para Atalanta e Hipômenes no retorno deles para casa.

Afrodite está aborrecida com Hipômenes, que conquistou Atalanta graças à sua ajuda. Ele se esqueceu de que deve a esposa (e a vida) à deusa e não lhe presta homenagem. Deveria pelo menos, segundo Ovídio, queimar incenso em seu templo, como forma de gratidão. Mas não o faz, e Afrodite, sentindo-se menosprezada, fica furiosa. Para piorar ainda mais a situação, quando o casal se detém no templo de Cibele para descansar, Hipômenes não consegue conter a paixão. Descobrindo uma caverna escura onde os sacerdotes guardavam velhas imagens de madeira, faz amor ali mesmo com Atalanta. Isso é profanar um templo antigo; cometer crime de sacrilégio. Os dois são então transformados num casal de leões, permanecendo para sempre sob o jugo do carro de Cibele. Afrodite desfruta assim uma deliciosa vingança, pois acreditava-se na época que os leões não cruzavam entre si, mas apenas com leopardos – um equívoco dos mais estranhos. Seja como for, atrelados a esse jugo e puxando o carro juntos, os dois não podem nunca mais fazer amor.

Esse desfecho é, para mim, uma advertência que, do âmbito metafórico, alude ao "casamento de mentirinha", quando Afrodite não é venerada. Quando duas pessoas tidas como um casal perfeito encarnam essa situação em público, mas, na privacidade, não têm nenhuma intimidade emocional e só fazem amor por fazer, de modo muito esporádico, se é que o fazem. Afrodite pode ter despertado a atração original; entretanto, estabelecida a rotina ou depois que o casal passa a valorizar mais o *glamour* e a importância de seus papéis – ou, ainda, devido ao convívio constante, viagens, trabalho cansativo ou filhos –, a intimidade se desvanece. Terminada a lua de mel e assumidas as funções de donos de casa, pais e membros da comunidade, os cônjuges podem se sentir atados um ao outro e preocupados com hipotecas, créditos educativos ou outros compromissos financeiros.

Há anos, contei essa história a uma médica que viu nela uma metáfora para o próprio casamento. Tinha, com o marido, uma casa bem administrada e um convívio tranquilo. Pergunto-me: será que ela se queixava ao marido de sua solidão no casamento, da falta de intimidade emocional e física, que agora desejava? Sentiria ele a mesma coisa? Seria ela indiferente ou estaria na defensiva? Conseguiriam conversar sobre vulnerabilidades, decepções, necessidades e medos? O que desejavam da vida e do outro? Faziam terapia de casal? Poderiam deixar de ser "leões" e aprofundar a intimidade? Ou as conversas deixariam claro que alimentavam expectativas irreconciliáveis, como muitas vezes ocorre entre um marido patriarcal e sua esposa igualitária? Quando isso acontece, ainda que os cônjuges tenham a mesma idade, podem estar separados por uma geração em termos de atitudes. Mulheres com o arquétipo de Ártemis às vezes renunciam a um casamento convencionalmente feliz por motivos que outras mulheres, com diferentes arquétipos, não entendem. Foi sem dúvida isso que Jane Fonda, então quase sexagenária, quis dizer ao comentar, numa das Conferências Ômega anuais, sobre ter se divorciado de um homem cujas expectativas em relação a ela limitavam o que ela poderia ser: "Concluí que deveria morrer como uma mulher plena ou simplesmente como uma mulher casada".

ATALANTA EM *FREE TO BE... YOU AND ME*

O nome Atalanta é conhecido de muitas mulheres que, quando crianças ou jovens mães, leram *Free to Be... You and Me*, de Marlo Thomas, em que se conta a história da corrida ("Atalanta", por Betty Miles). A princesa Atalanta "era tão brilhante, tão esperta, tão capaz de fazer e organizar coisas que muitos jovens queriam desposá-la". Mas eram tantos que o rei se viu em dificuldades para escolher um. Atalanta disse: "O senhor não precisa escolher, eu escolherei; e não é certo que vá me casar com nenhum deles". O rei descartou essa última possibilidade, ponderando: "Vai, sim, é claro... o povo quer isso".

Com tantos pretendentes entre os quais escolher, o rei decide promover uma grande corrida e dar ao vencedor a mão da filha. Tal como a mitológica Atalanta, ela aceita a proposta, mas impõe uma condição: "Está bem. Porém, o senhor deixará que eu corra com eles". Assim, a corrida cujo prêmio é o casamento passa a ser anunciada por todo o reino. Atalanta se prepara para a disputa, treinando em segredo até estar pronta para correr mais rápido do que qualquer pessoa jamais correu.

Um pretendente – o Jovem John, que viu Atalanta de longe – quer uma oportunidade para conversar com ela e tornar-se seu amigo. Pensa: "Não, não é justo que o pai de Atalanta a entregue ao vencedor da corrida. Ela própria deve escolher a pessoa com quem vai se casar, se é que deseja isso". Começa também a se exercitar em segredo até estar pronto para correr mais rápido do que qualquer pessoa jamais correu.

No dia da corrida, não há maçãs de ouro. Muitos pretendentes se apresentam, mas nenhum consegue se equiparar a Atalanta, exceto o Jovem John. Ambos alcançam a linha de chegada e rompem a fita juntos. O rei, então, dá ao Jovem John o direito de desposar Atalanta, pois foi ele quem chegou mais perto da vitória. O Jovem John responde: "Só desposarei sua filha se ela me aceitar. Disputei essa corrida apenas pela oportunidade de conversar com Atalanta; e, se ela assim o desejar, reivindicarei meu prêmio". Os dois conversam, tornam-se amigos e cada um segue seu caminho.

Essa versão do mito de Atalanta termina da seguinte maneira: "Talvez um dia se casem, talvez não. Seja como for, são amigos. E é certo que serão felizes para sempre". Eu acrescentaria um pós-escrito. É provável que Atalanta e o Jovem John sejam modelos para a geração de crianças que leram o livro e cantaram as canções – a geração X e a geração do milênio, ou simplesmente *Millennials*, com mães influenciadas pelo Movimento Feminista, que as criaram a fim de "serem livres para serem elas mesmas".

"E viveram felizes para sempre" é o desfecho dos contos de fadas. O que acontece depois constitui o tema do musical premiado de Stephen Sondheim, *Into the Woods* [Caminhos da Floresta] (1986). Todas as personagens dos contos de fadas precisam encarar o que vem após o "felizes para sempre". O que fez João, depois de cortar o pé de feijão, com o gigante morto no quintal? Cinderela e Rapunzel desposaram príncipes mesmo, passando a viver felizes e realizadas? Acabar com o Lobo Mau é de fato a melhor solução para Chapeuzinho Vermelho? Na vida real, existem o imprevisto e a rotina. No entanto, o caráter de Atalanta e do Jovem John é garantia de uma boa vida. Os dois têm princípios; sabem o que de fato lhes tem importância. E querem trabalhar duro, respeitando a soberania um do outro. Não tomarão posse do que não for dado de forma espontânea, e reconhecem que um homem e uma mulher são iguais na amizade.

Mulheres Atalanta/Ártemis seguras de que sua carreira, criatividade e ideais são sua vocação devem ouvir o conselho de Sheryl Sandberg sobre relacionamentos em *Faça Acontecer: Mulheres, Trabalho e a Vontade de Liderar* (*Lean In: Women, Work and the Will to Lead*, 2013). Sheryl escreve sobre liderança no universo externo das instituições, enquanto eu falo de garotas e mulheres cujo espírito indomável lhes propicia vidas autênticas e significativas, sejam elas convencionais ou não – com ou sem um Meléagro ou um Hipômenes. Diz Sheryl:

> *Acredito piamente que a opção profissional mais importante de uma mulher é se terá um parceiro para toda a vida e quem será esse parceiro. Não conheço nenhuma mulher em posição de liderança cujo parceiro não apoie totalmente – totalmente, insisto – sua carreira. Não há exceções.*

Sheryl aprendeu por experiência própria e tem agora o casamento solidário que descreve, depois de outro, bem breve, que terminou em divórcio.

Capítulo Sete

O Arquétipo da Deusa Virgem: Ártemis, Atena, Héstia

Ártemis, Atena e Héstia são as três deusas virgens da mitologia grega. O arquétipo da deusa virgem representa a parte da mulher que um homem não possui, alheia à necessidade dele ou à ânsia de ser valorizada por ele. É a parte apartada do homem e da opinião coletiva masculina. A virgem é a mulher autossuficiente, que pode viver na privacidade de sua vida interior. Cada uma das três deusas gregas virgens é diferente em qualidades e valores, mas todas personificam os aspectos independentes e impessoais da psicologia feminina. Nesse contexto, "virgem" significa que uma parte significativa de cada uma permanece psicologicamente intocada, sem se referir à virgindade física.

O vínculo ao final da corrida, na versão *Free to Be* da história de Atalanta, reflete o que acontece entre mulheres Atalanta e homens Jovem John contemporâneos, agora que ambos têm oportunidades idênticas para perseguir seus interesses pessoais, superar-se, competir entre si e ser amigos, adiando o casamento. As atitudes culturais estão em fase de transição. No mito, o rei assume direitos sobre a vida e o casamento da filha. Reivindica também o direito de lhe escolher um marido. No mundo desse rei, as pessoas se casam quando se supõe que devam se casar, e as filhas desposam quem o pai escolhe – o que ainda acontece em lugares nos quais os casamentos são arranjados, muitas vezes na base do "preço da noiva", ou dote. Notam-se algumas semelhanças implícitas quando existem expectativas sociais e familiares de que a jovem deve se casar, e se "casar bem".

Mas "nem todas as mulheres" são como Atalanta. Se Ártemis for seu principal arquétipo, uma mulher pode ou não se casar, ter ou não filhos. Porém, quando isso acontece, uma parte dela permanece íntegra, psicologicamente virgem. Quem melhor descreve isso é a analista junguiana M. Esther Harding, em *Os Mistérios da Mulher* (*Woman's Mysteries*, 1973):

> *A mulher virgem, íntegra, faz o que faz não por causa do desejo de agradar, não para ser amada ou aprovada – nem sequer por ela mesma. Não o faz pela vontade de alcançar poder sobre os outros, para satisfazer seu interesse ou amor, mas porque o que faz é verdadeiro. Seus atos podem ser, sem dúvida, pouco convencionais. Às vezes precisa dizer "não" quando seria mais fácil e mais apropriado, em termos convencionais, dizer "sim". Entretanto, como virgem, não é influenciada pelas mesmas considerações que levam uma mulher não virgem, casada ou solteira, a se moldar e adaptar-se à situação. Digo "casada ou solteira" porque a palavra "virgem" em sua conotação psicológica não se refere a circunstâncias externas, e sim a uma postura íntima.*

ÁRTEMIS

Nos capítulos anteriores, Ártemis foi descrita em grande parte por meio de qualidades existentes em Atalanta. Deusa da caça e da Lua, conhecida pelos romanos como Diana, ela é representada na arte por uma jovem alta e bela, trajando em geral uma túnica curta, munida de arco e aljava cheia de flechas, e coroada de estrelas e uma lua crescente. Prefere a solidão e percorre matas virgens, campinas, montanhas e prados na companhia de ninfas e cães de caça.

Ártemis é a arqueira que nunca erra o alvo quando persegue uma presa ou objetivo. Uma sólida qualidade de mulheres com esse arquétipo é o talento para se concentrarem intensamente naquilo que lhes importa, sem serem distraídas pelas necessidades ou opiniões alheias. Atenção e perseverança são as qualidades do arquétipo que tornam possível mirar e atingir um alvo ou objetivo escolhido. Com sua visão lunar, Ártemis, deusa da Lua, pode perambular por bosques, montanhas e campinas, extasiada com o mistério e a beleza que a luz da lua espalha pela paisagem. Vistos através da lente desse arquétipo, o universo e todos os seus elementos se reduzem de imediato a uma vasta unidade; reverência e respeito pela natureza como um todo e pela espiritualidade local são seus corolários naturais.

Como deusa da vida selvagem, Ártemis tem inúmeros animais não domesticados como símbolos que refletem suas qualidades: o cervo, a corça, a lebre e a codorniz participam das qualidades da Ártemis arredia; a leoa exibe sua majestade e proezas como caçadora; o javali feroz representa seu poder destrutivo. A mãe ursa é o animal totêmico para seu papel como protetora das crianças. O nome Ártemis talvez esteja relacionado a "ursa" (*arktos*, em grego). Como os cavalos selvagens andam em bando, do mesmo modo que Ártemis e suas ninfas, o cavalo selvagem é mais um de seus símbolos.

Na mitologia, Ártemis é filha de Leto e Zeus, tendo uma linhagem de divindades de natureza titânica pelo lado da mãe e um pai que é o deus principal do monte Olimpo. É irmã gêmea de Apolo, o deus do Sol, e nasceu primeiro que ele; também é a única deusa que ajuda a mãe, e o faz em diversos mitos a partir do momento em que nasce. Ártemis é invocada para auxiliar na hora do parto, para evitar estupros e proteger crianças, em particular meninas pré-adolescentes. Anda sempre na companhia de um grupo de ninfas, divindades femininas menores associadas a bosques, montanhas, prados, lagos e campinas. Ártemis é o arquétipo da irmã, com sentimentos fraternos tanto por homens quanto por mulheres. A mitologia da deusa Ártemis e as preocupações femininas cujo arquétipo é o dela encontram eco nas questões das feministas contemporâneas.

Os traços de Ártemis se manifestam cedo

O poeta Calímaco relata o primeiro encontro de Ártemis, aos 3 anos de idade, com seu pai, Zeus. Ele se encanta com a filha e se prontifica a lhe dar o que ela quiser. Como é típico de Ártemis, já aos 3 anos ela sabe exatamente o que deseja e pede para escolher os presentes. Escolhe um arco e flechas de prata (como Katniss em *Jogos Vorazes*), cães de caça, ninfas para acompanhá-la (um círculo de amigas – sua irmandade), o direito de vestir uma túnica curta em vez do traje longo das deusas (preferência por roupas práticas e confortáveis), a virgindade eterna (permanecer íntegra) e a selva por morada. Ártemis fascina Zeus graças a seu espírito e firmeza, como tantas meninas semelhantes a ela fazem com seus pais.

Ártemis é, como se diz, a "filhinha do papai". Zeus fica deslumbrado, encantado por ela, e a estimula a ser o que é. Dá-lhe permissão e meios (arco e flechas) para agir e ser independente, para escolher suas amigas e seguir os próprios instinto e faro (cães de caça) a fim de alcançar o que lhe convém. Deleita-se com a filha, que é uma criatura encantadora e atraente, e fornece-lhe as bases para que adquira um senso positivo de si mesma como menina e depois como mulher. Ártemis não se importa em parecer pouco feminina e faz coisas que, em geral, as meninas não fazem. A opinião de um pai amoroso, logo nos primeiros anos, desperta esse senso do eu na filha.

Crianças com o poder de concentração de Ártemis se dedicam àquilo que desperta seu interesse. Isso pressupõe o domínio de novos desafios – desde dar os primeiros passos, andar, pular e correr a resolver quebra-cabeças ou empilhar cubinhos de madeira. Elas se sentem seguras quanto ao que é certo ou errado. Recordam promessas. Essas crianças, quando crescem, tomam a defesa das menores; falam ou agem em prol dos direitos das outras. Entrarão em conflito com homens e mulheres em posições de comando ou instituições autoritárias que exijam obediência assumindo atitudes do tipo "faça o que eu digo", sem dar justificativas. Podem ser punidas, quando novas, por fazer muitas perguntas, recebendo a advertência: "Não seja insolente!". Como resultado, aprendem a ficar de boca fechada e a não se opor abertamente. Mesmo assim, porém, continuam a ter os mesmos sentimentos, preservando o arquétipo de Ártemis vivo na imaginação devido à identificação com personagens literárias. Intenções que começam com "quando eu crescer..." impedem-nas de se sentir indefesas e desanimadas nas piores circunstâncias.

Mulheres-maravilha

Em geral, os protagonistas que resistiam e prevaleciam eram machos; assim, as meninas com a energia e o foco de Ártemis muitas vezes se imaginavam homens. A Mulher-Maravilha surgiu em cena como personagem de histórias de quadrinhos durante a Segunda Guerra Mundial. Graças a ela, as garotas podiam se colocar no papel de Diana Prince, que, em sua identidade secreta de Mulher-Maravilha – uma princesa das amazonas dotada de superpoderes e habilidades, sempre pronta a lutar por justiça, paz, amor e igualdade –, protegia os cidadãos e era invulnerável.

Pouco depois do fim da Segunda Guerra Mundial, Píppi Meialonga, de Astrid Lindgren, entrou em cena. Li um artigo de Connie Schulz na revista *Parade* (24 de fevereiro de 2013) com o título: "Three Cheers for Pippi!" [Três Vivas a Píppi]. A história começa com Schulz reconhecendo Píppi como "minha heroína favorita na infância – uma garotinha levada que fazia muitas perguntas e punha os valentões em seu devido lugar".

Schulz diz que ansiava por "um espírito corajoso capaz de fortalecer o meu". Encontrou então a ruivinha Píppi Meialonga. "O que eu mais admirava nela era sua impaciência com valentões", diz a autora. "Atirava-os para cima de árvores e telhados com uma só mão. Ainda alimento essa fantasia."

Por seis anos, em meados da década de 1990, Xena, a Princesa Guerreira, lutou ao lado do bem na televisão. No início do século XXI, vimos inúmeros retratos de mulheres jovens e meninas que possuíam qualidades de Ártemis/Atalanta. Além de Katniss em *Jogos Vorazes*, tivemos a princesa Mérida em *Valente*, um longa de animação sobre uma adolescente de 16 anos de espírito livre que deve se casar com um dos três primogênitos de chefes de clãs que disputam sua mão num desafio de arco e flecha. Ela confunde a situação declarando-se apta a competir também, como primogênita, e derrota a todos. O símbolo da ursa se destaca na história. A mãe de Mérida e seus irmãos trigêmeos menores são transformados em ursos e depois voltam à forma humana no momento oportuno. Os chefes dos clãs resolvem que, dali por diante, não haverá mais casamentos decididos por competições: suas filhas serão livres para se casar quando e com quem quiserem.

Ártemis e castigo

Há um mito de Ártemis em que sua privacidade é violada. O caçador Acteão perambula pela floresta com seus cães quando avista a deusa se banhando num lago, com suas companheiras ninfas. Admira aquela nudez, observando como um *voyeur* a mais recatada das deusas, que nenhum homem ou deus jamais pode possuir. Ártemis, de imediato, joga água em seu rosto e o transforma em cervo. Não mais reconhecendo o dono, seus cães o atacam. Acteão foge para se salvar, mas é lançado ao chão pelos mastins e feito em pedaços.

Mulheres com o arquétipo de Ártemis são rápidas na ação quando se trata de punir alguém por uma ofensa. Esse lado da deusa difere da ira indiscriminada expressa na figura do javali de Cálidon. Ártemis também usa seu arco e flechas em alvos específicos – por exemplo, a fim de castigar a mulher arrogante que fere a honra de sua mãe e impedir que esta seja violentada.

Lisbeth Salander, protagonista da série *Millenium* de Stieg Larsson, é um exemplo ficcional de uma "não vítima de estupro", ou seja, uma vítima de estupro que não se sente vitimizada". Ela cai sob o domínio de um guardião nomeado pelo tribunal que a violenta e tem poder absoluto sobre sua liberdade. Salander espera até conseguir castigar devidamente seu agressor. Possui as flechas infalíveis e a paixão pela justiça retributiva de Ártemis, além da estratégia de Atena.

Ártemis como ativista

Graças ao espírito e à energia do arquétipo de Ártemis, as mulheres se tornam ativistas em prol do feminismo e da justiça social – contra valentões de todos os tipos, estupradores, violência doméstica, opressão dos pobres e indefesos –, bem como ambientalistas, defensoras da vida selvagem, e é por isso também que abraçam árvores. Mulheres que exibem certa semelhança arquetípica com Ártemis são convidadas a entrar em ação, reagindo a eventos externos e respondendo interiormente a algo que lhes diz respeito. Isso é o que as faz ajudar o próximo, tenham elas sofrido ou não. O abuso de poder enfurece a mãe ursa; sua proteção se estende às mulheres que estão sofrendo abuso, sendo espancadas ou violentadas, sobretudo as jovens e vulneráveis. Uma das características do arquétipo de Ártemis é a facilidade de entrar em ação, tal como faz a deusa em sua mitologia. Ela representa o arquétipo das ativistas que defendem as mulheres, os animais, a natureza ou a justiça social: seu instinto as força a intervir. Lisa Shannon, a atleta amadora que instituiu a corrida Mulheres do Congo, menciona um incidente que exemplifica isso:

> [...] *certa vez, após um jogo de vôlei da aula de educação física, quando eu era caloura no colégio, notei um grupo de rapazes aglomerados perto da rede. Mais um problema com Trevor Samson, o nerd da escola. Dessa vez, ele discutia com um aluno muito popular* [...]. *Não éramos amigos. Eu não gostava dele. Era o nerd dos nerds: chato, indefeso, patético. A discussão foi ficando acalorada. Mais de trinta garotos, a maioria originária de West Hills, se juntaram ao redor, instigando o agressor. Queriam ver briga. Sem pensar no risco social, abri caminho pelo bando e coloquei-me entre Trevor e o sr. Popular. Apontei o dedo para o rosto de Chip, Chard ou Seth e ordenei: "Parem!". Um fedelho de traços fortes e pele bronzeada gritou do meio do bando: "Cale a boca, sua putinha hippie!". Permaneci firme diante de Trevor, protegendo-o com o fato consumado de que não se ganha status social agredindo uma garota. O bando se dispersou.*

A história de Lisa me faz lembrar de uma ocasião em que decidi expor minha opinião. Tinha 12 anos e pertencia ao Grupo de Jovens da igreja. O líder adulto do grupo fez um comentário leviano sobre os judeus, em tom ofensivo – sobretudo por partir dele, como líder cristão. Não me recordo dos detalhes, mas o tema era a hipocrisia, e eu, tomando a palavra, enfrentei-o. Em seguida, deixei o grupo e passei a frequentar outra igreja. Uma provocação e outra resposta semelhante me fez passar maus bocados na sala da vice-diretora do colégio. Recusei-me a pedir desculpas e a retirar o que havia dito sobre favoritismo e discriminação ao patrocinador da organização escolar, uma pessoa supostamente de mente aberta. Concordei em me desculpar pelo *modo* como falara, mas não pelo *que* falara. Não era o que a vice-diretora queria ouvir, mas bastou para que me dispensasse. Soube, três anos depois, que isso me impediu de entrar na Universidade de Stanford, quando meu pai, na tentativa de me ajudar, se dirigiu ao responsável pelas admissões e lhe perguntou por que eu havia sido recusada. Motivo: a carta de "reprovação" enviada pela vice-diretora.

O fato de meu pai marcar uma entrevista em Stanford e voar para lá na esperança de reverter a decisão da universidade ainda me comove. Ele me apoiou. Com base nessa e em outras experiências, compreendi que nossos caminhos na vida são labirínticos. Percorrer o labirinto do piso da catedral de Chartres é instrutivo. Não há becos sem saída, mas, em compensação, 28 voltas de 180 graus, que são parte da jornada. Estudei um semestre na Universidade da Califórnia, em Los Angeles (UCLA) e, no meio do ano, fui para a pequena Faculdade de Pomona, onde passei dois ótimos anos numa das melhores escolas de artes liberais do país. Em seguida, completado o curso pré-médico de física de verão, conforme exigido pela Universidade da Califórnia, em Berkeley, concluí que gostava do lugar e, no meio do semestre, me transferi para lá durante o primeiro ano. Graduei-me em Berkeley e fui para a Faculdade de Medicina da Universidade da Califórnia, em San Francisco.

Há pouco, compareci a uma reunião de turma na Faculdade de Pomona e em Berkeley, e me dei conta de como foram ricas as experiências e amizades em ambos os lugares. Quem sabe aonde teria me levado o caminho que a vice-diretora me negou? Essas mudanças de rumo exigiram escolhas que exercitaram as qualidades de autodeterminação que são parte do meu arquétipo Ártemis e do padrão de minha infância ao qual me adaptei bem.

Foi provavelmente minha atribulada experiência escolar na infância que tornou mais fácil a mudança de uma faculdade para outra. Entre o jardim de infância e o quarto ano, frequentei nada menos que sete escolas, até mesmo em Los Angeles, Kew Gardens, Nova York, Black Foot (Idaho), onde estudavam crianças da reserva indígena, Grand Junction e Denver (Colorado), e Monrovia (Califórnia). Por fim, voltei para Los Angeles, onde completei, com a mesma turma, o curso elementar e o colegial. Muitas crianças hoje nas forças armadas, no mundo empresarial ou na diplomacia tiveram de se adaptar a inúmeras mudanças de cidade e escola. Agora que conheço a terminologia da ONU, acho que podemos nos considerar "refugiados internamente deslocados".

Minha família precisou deixar Los Angeles para fugir à evacuação e relocação de todas as pessoas de origem japonesa em campos de internamento, onde ficaríamos atrás de cercas de arame farpado, morando em barracas de lona em locais remotos dos estados do Oeste. Pouco importava que fôssemos cidadãos norte-americanos. Meus pais nasceram e foram criados nos Estados Unidos; ele, empresário, ela, médica. Nossa primeira mudança foi para Del Rey, Califórnia, pouco antes de os descendentes de japoneses serem colocados sob lei marcial em Los Angeles.

Uma vez fora da Califórnia, éramos de novo cidadãos norte-americanos livres. Nossas muitas mudanças subsequentes foram motivadas por outras circunstâncias e pelos esforços de meu pai em manter seus pais e irmãos fora dos campos de internamento. Eu então pulava de escola em escola – sendo muitas vezes, ali, a única criança com traços orientais –, enquanto nosso país lutava contra o Japão. A vida das famílias sofria também com a recessão econômica, resultando em pais procurando emprego por toda parte. As crianças tinham de aguentar as mudanças, as novas escolas e as permanências provisórias. Tais experiências costumam fomentar o desenvolvimento dos arquétipos de Ártemis e Atena nas meninas – do mesmo modo que, no meu caso, a condição de refugiada interna. Essa experiência de primeira mão despertou em mim o interesse pelos problemas relacionados à justiça social e ao racismo.

DEUSAS VIRGENS, E NÃO VÍTIMAS

Nas respectivas mitologias, as três deusas virgens não são dominadas, estupradas ou humilhadas. Mas, embora elas próprias sejam imunes aos abusos, as mulheres que as têm como arquétipos ativos podem ser agredidas e estupradas. Segundo a Anistia Internacional, uma em cada três mulheres no mundo será violentada ou espancada de forma brutal em alguma fase da vida. O indomável espírito de Ártemis nas mulheres, porém, não é subjugado pelo estupro. Em vez de se tornar vítimas envergonhadas, as mulheres com o arquétipo de Ártemis procuram justiça ou vingança, tornam-se ainda mais determinadas na busca de sua vocação e não ficam paralisadas pelo estupro. Ártemis é o arquétipo que ajuda as mulheres a sobreviver à violência cometida contra elas. É a parte da psique feminina que permanece intocada e insubmissa – mesmo em caso de agressão, estupro ou tráfico. Essas são as mulheres que se apresentam como voluntárias para resgatar outras e auxiliá-las a se recuperar. Seus corpos são violados; a alma delas, não.

Lara Logan, correspondente estrangeira do programa *60 Minutes* da CBS News, foi descrita como uma "não vítima de estupro" após ser horrivelmente violentada por uma gangue em plena praça Tahrir, no Cairo, durante as revoltas da Primavera Árabe em 2011. O fato de conseguir ter o caráter, a força e a capacidade de sobrevivência para superar esse trauma físico e psicológico chegou a surpreendê-la. "Você não sabe, até ser vítima dessa violência, que não precisa se deixar abater", explicou ela. "Tenho muita coisa pela qual viver." Logan foi resgatada por mulheres na praça e por vinte guardas uniformizados. Enquanto permaneceu lá, pensou não apenas que ia morrer, mas que a morte seria terrível. Sentiu como se seus membros estivessem sendo arrancados, enquanto de duzentos a trezentos homens a agarravam e a violentavam com as mãos. Em vez de permitir que a CBS divulgasse apenas, de maneira ambígua, que fora "atacada", Logan exigiu que a reportagem detalhasse o modo como os homens a haviam espancado e estuprado.

Logan, na opinião de seu chefe, é obsessiva na determinação de ir até onde for preciso para obter uma história. Antes da invasão do Iraque, recusou-se a partir com sua equipe da CBS e só ante a insistência do chefe, mas mesmo assim por pouco tempo, é que recuou até a fronteira da Jordânia. Logo depois, voltou para o "choque e terror", ouvindo Van Morrison durante todo o trajeto. Logan fez sólidos contatos com militares, e suas histórias são "baseadas na confiança e no conhecimento". Diz ela: "Os militares, em geral, odeiam a mídia; romper essa barreira não é nada fácil". Logan se dispôs a cobrir duas guerras e não deixou de trabalhar no Oriente Médio. Após se recuperar da violência sexual, voltou para cobrir o conflito no Afeganistão.

É evidente, pela reputação e realizações de Lara Logan, que ela possui os traços de Ártemis. Os alvos que mira são as histórias que escreve. Com isso em mente, viaja para zonas de guerra e conquista o respeito dos militares, homens que desconfiam dos jornalistas e não gostam de conversar com eles. Lara e todas as outras mulheres que foram estupradas, mas não subjugadas como vítimas, conservam o núcleo do arquétipo da integridade.

Seu corpo pode ter sido violado. Ela pensou que iria morrer, mas algo em seu íntimo permaneceu virgem, íntegro, intocado pelo abuso, graças ao indomável espírito de Ártemis e sua afinidade com os aspectos guerreiros de Atena, que preservaram sua serenidade e objetividade em pleno campo de batalha.

O artigo de Margaret Talbot, "Gone Girl" [Garota Desaparecida], publicado na revista *The New Yorker* (21 de outubro de 2013), exalta a extraordinária flexibilidade de Elizabeth Smart. Ela foi arrancada de seu quarto, na casa dos pais em Salt Lake City, quando tinha 14 anos e mantida em cativeiro por nove meses. Durante esse tempo, sofreu constantes estupros e era o tempo todo ameaçada de morte; por fim, a polícia a resgatou. Sua autobiografia *My Story* [Minha História] (2013) – tal como as de Jaycee Duggard (sequestrada aos 11 anos), Natascha Kampusch na Áustria e Sabine Dardenne na Bélgica – é um relato impressionante sobre abuso e sobrevivência. Todas essas mulheres fizeram o que era preciso para sobreviver. Resumindo seu artigo, Talbot escreveu que elas demonstraram "uma vontade primordial de viver, capaz de afetá-las profundamente".

Elizabeth Smart precisou de muita energia física para suportar seu cativeiro. "Fora atleta quando criança; corria e cavalgava nas montanhas Wasatch." Elizabeth recorda: "Não fazia musculação, mas não era nada fraca". Onze anos após o sequestro, Elizabeth se casou e hoje é advogada em tempo integral na área de prevenção do abuso infantil. Ela trabalha para aprimorar as leis, lidera uma fundação e dá cerca de oitenta palestras por ano. Falando a adolescentes em conferência no

Key Club International, concluiu com estas palavras: "Nunca tenham medo de denunciar. Nunca tenham medo de viver a vida. Nunca deixem o passado ditar as regras do seu futuro".

Assim como essas mulheres triunfaram sobre o estupro, Carole Comeau triunfou sobre as circunstâncias. Quando Carole leu a recomendação de Lara Logan para que as mulheres não se deixem abater, essas palavras a levaram de volta a uma hora da verdade em que quase fora subjugada, mas não cedeu. Voava sozinha no Alasca, num teste para obter licença de piloto. Sua tarefa era percorrer cerca de 250 quilômetros, levantando voo e pousando em três aeroportos diferentes. As pistas estavam cobertas de gelo; o tempo piorava cada vez mais. Enquanto o vento sacudia a pequena aeronave, ela "chorava e dizia a si mesma: 'Não vou conseguir fazer isso'". Carole se lembra bem do momento em que resolveu não desistir. Enxugou as lágrimas para ver com clareza o painel, parou de dizer "não vou conseguir" e ordenou a si própria: "Vá em frente!". No comando do avião, a mensagem para seu eu era: "Não há mais ninguém aqui; é você quem terá de resolver o problema". Assumiu de vez o controle, sem saber ao certo se conseguiria pousar ou não. "Não tinha escolha, caso quisesse sobreviver". Ela e outras mulheres que encontram forças para superar circunstâncias nas quais a desistência é fatal sabem bem o significado da frase "O que não nos mata nos fortalece" (Friedrich Nietzsche).

Não se deixar abater é uma decisão que mulheres e meninas tomam o tempo todo, em circunstâncias bem menos dramáticas. Muitas garotas com qualidades de Atalanta possuem a determinação íntima de não chorar quando os adultos à sua volta se mostram insensíveis ou mesquinhos. Nelas, o arquétipo se recusa a desempenhar o papel de vítima. Essas garotas podem ser espancadas, mas seu espírito indomável não se dobra.

PADRÕES DE ARQUÉTIPOS DE DEUSAS

Ártemis, Atena e Héstia devem ser vistas como padrões arquetípicos distintos. Seus aspectos podem coexistir com outros na mesma mulher, representando as três etapas de sua vida. Ártemis é a mais jovem. A pragmática e competente Atena, deusa que nunca perde a cabeça nem o coração, personifica a adulta sensível. A calma e centrada Héstia se enquadra à perfeição no papel da solteirona prudente em seus últimos anos. Esses arquétipos podem existir simultaneamente em qualquer mulher ao longo da vida ou emergir, com igual importância, em determinada fase.

As deusas virgens são imunes a Afrodite e Eros. É o que as torna únicas. Nenhuma outra – divindade olímpica ou mortal – resiste às flechas de Eros. No entanto, as mulheres mortais em que esses arquétipos se mostram ativos não são imunes. Quando elas se apaixonam, os arquétipos de Ártemis, Atena ou Héstia permanecem intocados, mas essas mulheres não são um arquétipo, podendo, assim, amar perdidamente. Não se apaixonam com tanta facilidade nem inconsciência quanto as mulheres nas quais os arquétipos predominantes são Afrodite ou as três deusas que classifico de vulneráveis – Hera (deusa do casamento, arquétipo da esposa), Deméter (deusa dos cereais, arquétipo da mãe) e Perséfone (arquétipo da filha, raptada e levada para o mundo subterrâneo). Com arquétipos fortes e íntegros, essas mulheres, é bem provável, não projetarão expectativas de que outros as satisfaçam, resgatem ou protejam, nem de que só se sentirão completas com um marido, filho ou amante. Os outros arquétipos podem se tornar ativos, como às vezes acontece quando brota o desejo de ter um bebê em mulheres que antes privilegiavam a carreira, a educação ou as aventuras (significado da terceira maçã de ouro que Atalanta apanhou, permitindo com isso a vitória de Hipômenes na corrida). Quando o esforço para vencer ou superar perde importância, ocorrem mudanças no mundo interior, e as escolhas no mundo exterior já não são as mesmas.

O desejo de acomodar-se – ter um lar, um marido/companheiro ou filhos – pode variar de intensidade, sendo mais forte nas fases de progesterona (segunda metade do ciclo) ou durante o ciclo menstrual. Graças aos fortes arquétipos das deusas virgens, uma mulher por certo não será dominada pelo anseio de algo que não tem. Ela pode ser casada ou casar-se mais de uma vez. Pode não se casar nunca, permanecer virgem, ter vários amantes. Pode ter filhos e amá-los muito; mas, como não precisa ser mãe para achar significado na vida, ajuda-os a crescer em vez de mantê-los dependentes dela.

Um arquétipo é um padrão, e cada arquétipo de deusa grega possui características reconhecíveis que se enquadram nele. Contudo, uma mulher é muito mais que um arquétipo, ou arquétipos, dominante. Ela é única, como suas digitais. Pode apresentar semelhanças com outras que tenham a princípio a mesma composição ou configuração de arquétipos, mas a família, a cultura e a época em que vive influenciarão, e muito, suas escolhas.

Mulheres nas quais as deusas vulneráveis e Afrodite (que, na própria categoria, coloco como deusa alquímica) são presença marcante descobrem que seus relacionamentos produzem senso de significado e sofrimento. Nas respectivas mitologias, as deusas vulneráveis são subjugadas, raptadas, violentadas. Tornam-se vítimas de depressão e obsessões, suscetibilidades partilhadas por mulheres para as quais são os arquétipos mais marcantes. Em contrapartida, é bem provável que Ártemis e Atena levem as mulheres que as reverenciam a sentir-se rejeitadas e insignificantes, em especial se, como Atalanta, foram abandonadas pelas mães e tiveram, elas próprias, de cuidar de si mesmas a maior parte do tempo. Consistência no amor não é algo que essas mulheres conheçam a fundo; assim, não podem dá-lo a ninguém antes de aprenderem o que é empatia e compaixão. Às vezes, elas próprias têm de se fazer vulneráveis, ou porque se tornaram totalmente dependentes em alguma ocasião – após um acidente, por exemplo – ou porque foram baixando a guarda aos poucos diante de alguém em quem confiam e a quem amam. Até então, são sereias – a imagem descritiva de Esther Harding para mulheres bonitas que parecem atrair pessoas por instinto e, no entanto, não respondem emocionalmente (*Os Mistérios da Mulher*, 1973). Sereias são criaturas metade mulher (sensíveis e atraentes) e metade peixe (impessoais e frias).

A intensidade do envolvimento em algo subjetivamente importante para ela pode tornar uma Ártemis indisponível para aqueles que, à sua volta, esperam um pouco mais de constância de sua parte. Assim como acontece com a vida selvagem na floresta, ela é esquiva "você a vê e logo não a vê mais". Surge real e presente em um momento, desaparece no outro e não se tem notícia dela por muito tempo. A ausência de Atena é de outro tipo, mas esse tipo se mostra difícil da mesma maneira para quem a ama ou lhe exige mais. Ela se recolhe em si mesma. Quando sua mente trabalha em alguma coisa, ela passa horas na escrivaninha, no computador, no laboratório ou no campo, empenhada em algum projeto. Pode ser corpo presente quase o tempo todo, mas isso não basta para chamar sua atenção.

Ao contrário, a característica de integridade em Héstia é introspectiva. Ela se contenta em permanecer nos espaços tranquilos, muitas vezes sagrados, que cria. E, embora seja de trato fácil e carinhosa, parece difícil de entender, porque não fala muito de si mesma – não por ser reservada, mas porque essa é sua natureza. Essas qualidades da deusa virgem fazem parte de um padrão arquetípico, e as mulheres que personificam esses traços são fiéis a seus arquétipos. O resultado é que seus atos têm significado para elas, mas são difíceis de tolerar por quem lhes exige mais ou quer participar mais de sua intimidade.

HÉSTIA

Héstia, deusa do lar e do templo, é a terceira virgem e a menos conhecida do panteão olímpico. Primogênita de Reia e Cronos, é a irmã mais velha da primeira geração de divindades olímpicas e tia solteira da segunda. Como Zeus é seu irmão, Ártemis e Atena são suas sobrinhas. Héstia não aparece em pinturas ou esculturas; não há mitos a seu respeito, exceto aquele em que ela pede, e obtém, virgindade eterna e honrarias.

Nenhuma imagem ou história definem Héstia. Mas ela está presente tal como o fogo sagrado no centro de uma lareira redonda. É sua presença que cria o espaço sagrado na casa ou no templo. Seu fogo proporciona luz e calor, além de permitir o preparo da comida. Essas são metáforas para o calor emocional, a iluminação espiritual e a nutrição. Um fogo sagrado no centro de uma lareira redonda é também a imagem geométrica de uma mandala, a imagem junguiana do Self e as pinturas sacras de mandalas do budismo tibetano.

Mulheres que personificam as qualidades de Héstia são íntegras e introvertidas. Estão no presente: não se apegam ao passado nem antecipam o futuro. Gostam mais do anonimato, o lugar psicológico e a atitude íntima que as pessoas buscam na meditação. Considerei Héstia o arquétipo da sabedoria meditativa em *As Deusas e a Mulher Madura* (*Godessess in Older Women*, 2001). Quando crianças, as mulheres Héstia em geral são as que se destacam menos em uma família numerosa ou em sala de aula. Quando Héstia é o arquétipo dominante, muitas vezes as mulheres evitam dramas ou relacionamentos interpessoais. Dada sua natureza introvertida, são imparciais, sem precisar se envolver com problemas que afligem outras mulheres. Esse arquétipo facilita a concentração espiritual, meditativa, mística e psicológica. Invoca-se a presença de Héstia para transformar em espaço sagrado um círculo de mulheres, quando uma vela é acesa no centro e os membros se juntam para orar ou meditar.

Desde o Movimento Feminista, mulheres com o arquétipo de Ártemis e/ou Atena (e também as demais) conseguem se sair bem num mundo extrovertido, com apenas alguns poucos vislumbres da introversão de Héstia. Héstia é a deusa que se torna mais importante na psique durante a terceira etapa da vida. Isso acontece com mais frequência quando uma Ártemis ou Atena passa pela menopausa, desejando ser autossuficiente, e entra numa fase da vida em que vive sozinha. Quando Héstia se manifesta, a solidão nos chama e alimenta nossa alma. No momento em que a mulher tem a casa para si mesma e pode viver sozinha, a sensação é de plenitude.

Orientação: imagens de Héstia

Ao meditar, tenha Héstia presente como imagem da visão e da percepção. Imagine um fogo sagrado, brilhante e tépido, no centro de seu peito (a área do chakra do coração, sob o esterno e entre os seios). Respire fundo, devagar, relaxe e permaneça serena. Se quiser, imagine uma luz suave e quente se espalhando pelo corpo; e, depois, os outros chakras se iluminando também.

E aqui vai um exercício ainda mais simples. Quando estiver em estado mental meditativo, receptivo e sem barreiras, imagine-se cruzando a soleira do templo redondo de Héstia. Sente-se, olhe para o fogo e abra a mente a pensamentos, sentimentos ou imagens que lhe ocorrerem.

SOZINHAS

Em mulheres cujos outros arquétipos são ativos e completos na idade adulta, a soberania pode não ser importante até a segunda metade ou o último terço de vida. As mulheres se dedicam com prazer aos filhos ou ao casamento quando as circunstâncias tornam essa situação possível. Sua soberania costuma ser limitada também pela condição financeira e a lealdade. Os arquétipos da deusa virgem podem, com efeito, ter de esperar sua vez. Em *Going Solo: The Extraordinary Rise and Surprising Appeal of Living Alone* (2012), Eric Klinenberg, professor de Sociologia da Universidade de Nova York, afirma que viver sozinhas permite às pessoas cultivar valores sagrados modernos – inclusive liberdade individual, controle pessoal, autorrealização e tempo/espaço para uma solidão restauradora. Em outras palavras, as mulheres com essa inclinação arquetípica e capazes de fazer escolhas podem ser agora consideradas "livres para ser o que são". Para elas, as experiências de viver sozinhas, ficar sós e se sentir solitárias não significam a mesma coisa.

O artigo da revista *Time* que me apresentou à obra de Klinenberg foi "Living Alone Is the New Norm [Viver Só É a Nova Regra] (11 de março de 2012). As conclusões de Klinenberg se baseiam no recenseamento de 2011, que mostrou que cerca de 15 milhões de norte-americanos, ou 28% dos lares, não têm filhos e esse modelo é hoje mais comum que a família nuclear, a família ampliada, repúblicas ou casas coletivas. Além disso, as pessoas que moravam sozinhas tendiam a permanecer mais na mesma condição que as outras, exceto os casais com filhos. Quase todas tinham opções menos dispendiosas, mas preferiam continuar sozinhas.

A estatística me surpreendeu, mas não me surpreenderam as conclusões de Klinenberg: por ouvir e observar, eu já sabia que muitas mulheres na segunda metade e no último terço de vida acham melhor viver sozinhas. Isso lhes permite um luxo de que nunca haviam gozado antes: decidir como empregar seu tempo. Podem ir atrás dos próprios interesses, como fazer a diferença, apoiar uma causa, ser criativas, entregar-se a empreendimentos intelectuais ou espirituais, administrar o próprio tempo, passar algumas horas com os amigos, criar filhos ou netos, viajar quando bem entenderem ou manter contato apenas com pessoas pelas quais se interessam, distantes fisicamente, mas próximas pela tecnologia de comunicação hoje disponível. Quando já estão envolvidas com o trabalho fora de casa, ficam felizes ao voltar para o deleite restaurador da vida a sós.

Para muitas mulheres, na última metade ou no último terço de vida, essa pode ser a primeira vez que têm um lugar só para si. Viveram com os pais, colegas de quarto ou maridos, e apenas depois do divórcio ou da viuvez se viram de repente sozinhas, em boa companhia arquetípica. Uma Ártemis/Atalanta descobre Héstia no íntimo ou dispõe de tempo para os empreendimentos intelectuais de Atena. Isso se aplica, em particular, à terceira fase da vida, quando faculdades e universidades comunitárias oferecem estimulantes cursos gratuitos a alunos que as frequentam apenas pelo gosto de aprender.

Em geral, as mulheres passam a viver sozinhas depois do divórcio, na meia-idade. Na versão mais comum da mulher como vítima, ela pode ter sido "enganada" por um marido que a trocou por outra mais nova. Na realidade, a maioria dos divórcios e separações (as estatísticas variam de dois terços a 90%) é iniciada por mulheres. Quando ser esposa é um arquétipo forte (Hera, deusa do casamento e modelo de esposa), viúvas ou divorciadas muitas vezes procuram um novo parceiro e negligenciam a si mesmas, ignorando as lições de relacionamentos anteriores. Leva tempo curar-se e lamentar, aprender a ser o que se é e desenvolver uma rede de amigos, quando fazer tudo a dois é uma exigência social. Porém, pode ser agradável descobrir que a solidão nos nutre graças àquilo que nos absorve – a ponto de perdermos a noção de tempo e olharmos para a frente a fim de reservar algumas horas só para nós. Isso não quer dizer que você vá permanecer solteira, e sim que se sentirá bem caso a pessoa certa não surgir em sua vida.

PARADOXO E SINCRONICIDADE

Paradoxalmente, se os arquétipos da deusa virgem se mostrarem ativos e viver sozinha for bom para você, um casamento ou compromisso sério, que convenha aos dois parceiros, pode se tornar mais fácil. Cultivar Héstia de modo consciente conduz, em geral, a algumas descobertas: por exemplo, a de que você pode ser boa companhia para si mesma, desenvolvendo ou aprofundando interesses, ou nutrindo uma vida interior e uma prática meditativa capazes de se transformar numa excelente estratégia involuntária para descobrir o amor. Quando a falta de um relacionamento não a define a seus próprios olhos, alguém (que pode ser um parceiro) entra em cena. E eis o paradoxo: se você já não precisar de ninguém que preencha um espaço vazio na vida, a possibilidade de que alguém venha a enriquecê-la aumenta – se é que isso deva acontecer. Durante décadas, pratiquei psicoterapia/análise, e uma observação sempre me impressionou: quando uma mulher está pronta, o parceiro aparece (uma adaptação do provérbio oriental "Quando o discípulo está pronto, o mestre aparece"). Isso se revelou mais verdadeiro do que qualquer estatística ou dados experimentais sobre a escassez de bons homens ou mulheres disponíveis.

Foi muito fácil para mim encontrar um exemplo em meu próprio círculo feminino. Refiro-me a Carole Robinson, que trocou a Filadélfia pela Califórnia e recomeçou tudo após o fim de um relacionamento de vinte anos e a consequente transição. A ânsia de se aventurar em terreno desconhecido quando sua vida no antigo se revelou sem significado não induziu Carole a empreender de imediato uma grande mudança geográfica. Mas o padrão de dar o próximo passo e fazer o que desejava foi se tornando cada vez mais nítido na nova situação. Um ano depois de chegar, Carole se tornou diretora do programa Bread and Roses, uma entidade sem fins lucrativos fundada por Mimi Farina que levava músicos até pessoas incapazes de deixar as instituições onde viviam para ir a concertos. O grupo havia levado músicos a prisões, asilos e centros de reabilitação. Essa atividade era perfeita para Carole, que permaneceu com o grupo até sua vida tomar outro rumo: ela se casou.

Carole se sentiu atraída pela Califórna porque, entre outras razões, poderia levar ali uma vida mais espiritual – Marin County é um lugar que oferece inúmeras possibilidades nessa área. Depois de viver sozinha durante doze anos, conheceu Zane Gresham. Ocorreu uma "descarga elétrica", uma atração entre eles, e a intenção de que o relacionamento começasse como uma amizade na qual ambos fossem autênticos. Combinaram dizer a verdade e ser fiéis a si mesmos no relacionamento. Há sete anos, quando Carole estava com 62, os membros de nosso círculo feminino compareceram como madrinhas de seu casamento na catedral da Graça. (Nossa idade torna a palavra "madrinhas" imprópria; talvez "madronas"? Zane nos chamou de "deusas".) Símbolos do sagrado feminino estavam mesclados ao que vestíamos e carregávamos, além de estarem presentes na decoração da igreja para a cerimônia.

Quando contei a Carole que estava escrevendo sobre Atalanta e que sua história fazia sentido, ela me disse que ela e os filhos, Sara e Rob, eram capazes de cantar todas as canções de *Free to Be You... and Me.* Sara havia encontrado o disco num mercado de pulgas e o gravara em CD para que Carole cantasse com a neta. Nas palavras da canção, Carole se tornara "a mulher que tinha de ser".

ASPECTOS SOMBRIOS DOS ARQUÉTIPOS DE VIRGEM

Os arquétipos da deusa virgem têm potenciais negativos ou "sombrios" que influenciam outras pessoas. Quem é alvo da cólera de Ártemis, despertada por vingança ou por descontrole, conhece bem esse aspecto tenebroso, inteiramente destituído de piedade. A fim de superar isso, a pessoa deve aprender a ser vulnerável e perdoar. Quando Atena se coloca em posição de poder, pode "transformar pessoas em pedra". Suas exigências por explicações ou justificativas lógicas talvez seja sua maneira de entender e dominar uma situação. Às vezes, ela não percebe que a combinação de poder e sua maneira de fazer perguntas confunde os outros e os deixa incapazes de se explicar. Na mitologia, Atena exibe em sua couraça a cabeça da górgona Medusa, que tem o poder de transformar em pedra quem quer que a contemple. Até que ela própria se sinta vulnerável ou tenha tido uma experiência inexplicável, dolorosa de evocar, Atena não mostra nenhuma tolerância para com a vivência, nos outros, do invisível ou do misterioso. Não raro, as motivações emocionais escapam à sua compreensão.

A deusa Atena era a melhor aliada possível para se ter no campo de batalha porque nunca perdia o controle e sempre pensava de modo estratégico. O aspecto sombrio surge quando sua atitude de "tudo pela vitória" não leva em conta os efeitos colaterais ou a moralidade de uma vantagem injusta. Esse arquétipo, nas mulheres, age como agiam as deusas: sem compaixão nem empatia. A partir da infância, aprendemos com as reações dos outros, que servem de espelho no qual os vemos como eles nos veem. O aprimoramento da compaixão e da consciência resulta de percebermos nossas nuances e mudanças. O efeito negativo nos outros, à semelhança da dor da rejeição alheia em consequência de nosso comportamento, motiva a mudança – como também a motiva o estímulo da imaginação. Você supera esses dois arquétipos quando consegue imaginar como se sentiria sendo a outra pessoa.

A concentração total é um aspecto da consciência que, como um raio de luz, só ilumina o objeto sobre o qual incide. Com efeito, não percebe nada que esteja fora desse âmbito. Precisamos de compaixão e empatia para sentir o que os outros possam estar sentindo e para entender as razões de suas atitudes. Nós, mulheres, somos consideradas o sexo da empatia porque, em geral, possuímos essa qualidade – e a maioria dos homens, não. A compaixão e a empatia, entretanto, não são naturais numa Ártemis ou Atena – e possivelmente não numa Héstia, que precisa aprender sobre a vulnerabilidade e a necessidade de levar em conta os sentimentos alheios, algo ensinado por pais zelosos e relacionamentos adultos.

O que caracteriza os arquétipos de independência pode ser obstáculo à intimidade e à vulnerabilidade. Absorver-se no próprio mundo, sem esperar reciprocidade ou amor (porque, como Atalanta, você nunca teve isso dos pais), reforça a independência e a autonomia que os arquétipos da deusa virgem amparam. Essas qualidades não o transformam numa pessoa completa, capaz de amar e ser amada, confiar e ser vulnerável. As lições de vulnerabilidade e confiança são aprendidas a partir da dor que você causa, sem querer, a quem a ama e sente o que você sentia quando criança – é como se as outras pessoas não tivessem importância alguma. Pais bons e humanos não são pais perfeitos, mas nos ensinam a compreender que nossos sentimentos têm valor. As pessoas que nos amam fazem o mesmo. Você se lembra dos pensamentos de Atalanta quando pegou a segunda maçã durante a corrida? Teria sido melhor não amar Meléagro? A intimidade vale o risco? Não seria melhor não amar nunca?

SUPERAR O ARQUÉTIPO

Sofremos para nos tornar "humanos" graças ao amor e à vulnerabilidade. Superar os arquétipos dominantes da deusa virgem, sobretudo se Ártemis ou Atena foram responsáveis por uma infância e adolescência difíceis, exige um tipo diferente de coragem, que não consiste apenas em enfrentar o poder ou aceitar desafios intelectuais. Preocupar-se com alguém é um risco que pode trazer de volta experiências dolorosas de perda, como Atalanta ao recordar a morte de Meléagro. Contudo, é importante nos lembrarmos do tempo em que fomos amadas e em que alguém percebia, sempre atencioso, se estávamos tristes ou magoadas. Você se lembra de quando sentia a segurança do amor de um pai, avó, irmão mais velho, amiga íntima ou primeiro namorado? Isso talvez tenha ocorrido antes de você se proteger de preocupações com outras pessoas que pudessem abandoná-la ou traí-la, antes de renunciar às necessidades humanas e voltar-se para a natureza ou os animais, ou os livros e as certezas intelectuais. Então, seus bichos de estimação é que a confortaram e ensinaram, recebendo em troca todos os cuidados. "Coragem" vem da palavra latina *cor*, que significa "coração". Quando uma mulher orgulhosa de sua coragem física ou moral constata que relacionamentos amorosos são riscos de um tipo diferente – mais difíceis de aceitar por ela do que por outras que ela talvez nunca tenha admirado –, brotam em seu íntimo novas formas de respeito e humildade. Isso é parte do aprendizado.

A deusa Ártemis protegia a vulnerabilidade de pequenos animais, crianças e mães indefesas. E, fiéis ao arquétipo, por meio do amor aos vulneráveis e, a princípio, dos dependentes delas é que as mulheres superam esse arquétipo, graças à própria vulnerabilidade. A maternidade distende o coração, a paciência e a psique de uma mulher cujo arquétipo é a independência – sobretudo de uma Ártemis que nunca pensou em ser mãe. Às vezes, essa expansão do amor e do sentimento maternal provém da prática que ela adquiriu cuidando de bichos de estimação. É cuidando de seus filhos que muitas mulheres aprendem a cuidar da própria criança interior.

Uma mulher que não passou pela experiência de receber carinho da mãe quando criança, muitas vezes dedica um amor atento a seu filho ao se tornar mãe, sobretudo quando amamenta o bebê – penetrando, de modo instintivo, no mundo da bolha arquetípica de Madona e o Menino, da unidade da mãe com seu filho. Quando uma mulher com os arquétipos de Ártemis ou Atena opta por ser mãe e cuidar do filho, a maternidade pode, com o tempo, tornar-se uma prática espiritual de humildade e renúncia àquilo que, de outro modo, ela estaria fazendo. Isso ocorre devido ao exercício do amor incondicional sem gratificação imediata, aos cuidados diários e à paciência. É o que acontece, sobretudo, com as mulheres independentes, para quem os filhos não são uma necessidade absoluta, e sim uma entrega. Elas desenvolvem constância no relacionamento em resposta às necessidades das crianças e ao amor que esse vínculo evoca em seu coração. Trata-se de uma decisão mais demorada que a de percorrer toda a extensão da Pacific Crest Trail ou a de pedalar sozinha de Seattle a San Diego. E, embora nem sempre reconhecida como tal, quando tomada de forma consciente, tem-se aí uma decisão heroica, sobretudo quando a decisão é muito difícil ou a mulher vive sozinha. Seria como dizer a si mesma: "Você resolveu fazer isto! Volte para a bicicleta e continue pedalando!".

ATENA E ÁRTEMIS COMO ALIADAS

Olhando o passado de uma perspectiva de setenta anos, percebo que cresci e entrei na vida adulta quando o Movimento Feminista do final da década de 1960 e, ao longo dos anos 1970, estava alterando a paisagem psicológica para as mulheres, despertando sua consciência e mudando o mundo. Durante os primeiros anos do movimento, eu estava na faculdade de Medicina, quase sem contato com o que se passava lá fora. Vieram depois a residência, que me exigia muito, e a especialização em Psiquiatria. Casei-me com James Bolen no último ano da especialização, comecei a clinicar e candidatei-me ao cargo de analista no Instituto C. G. Jung de San Francisco. Em 1970, início da década do Movimento Feminista, tive o primeiro de meus dois filhos – muito adequadamente, uma menina, pois a gravidez e o parto é que me iniciaram na compreensão de minha identidade como mulher. Tal como todas as outras mulheres; não uma exceção, apenas mais privilegiada.

Enquanto estive ocupada com atividades extracurriculares na faculdade e no curso de Medicina, o desejo de lutar pela causa da justiça social ou pelo feminismo ativista não se manifestou em mim; mas, como psiquiatra, liderei um protesto contra a Associação Americana de Psiquiatria, que se recusou a apoiar a Emenda dos Direitos Iguais. A desigualdade, a discriminação, o *status* inferior e a falta de oportunidades contribuem para a baixa autoestima, tornando-a um problema de saúde mental que me preocupava muito. Avisaram-me que essa não era, na época, uma boa carreira. Mas era, conforme logo descobri. A decisão também me levou a conhecer Gloria Steinem e a constatar que psiquiatras mulheres, tanto contra quanto a favor dessa tese, difeiam em relação a seus arquétipos dominantes. Foi uma descoberta de peso, responsável em parte por meu livro *As Deusas e a Mulher.*

Todas nós estudamos com afinco para nos tornarmos médicas e tivemos depois anos de treinamento em psiquiatria. Agora atuávamos em nossa organização profissional, que contava na época com 89% de presença masculina. Por um senso de fraternidade, muitos se dedicavam aos problemas das mulheres e a pacientes do sexo feminino. Essas são qualidades que associo ao arquétipo de Ártemis – não se pode falar aqui em lealdade e nas prioridades de Atena. Na mitologia, Atena nasce, adulta e revestida de uma armadura dourada, da cabeça de Zeus, sendo a única divindade olímpica a quem ele confia seus símbolos de poder. Ela é a deusa da sabedoria estratégica e dos ofícios (artes práticas, como a tecelagem). É racional, fria, blindada pelo intelecto; tem a confiança de Zeus e protege os heróis que não hesitam em ir atrás daquilo que querem. Atena reconhece as instituições patriarcais e vê com bons olhos os poderosos – que, então como agora, costumam ser homens.

Quando escrevi *As Deusas e a Mulher* (1984), a diferença arquetípica entre Ártemis e Atena era nítida dos dois lados da fronteira feminista. Os arquétipos de Atena apoiavam os valores patriarcais; os de Ártemis abriam portas de oportunidades que haviam sido fechadas às mulheres. Então as Atenas, que não pareciam ter nenhum senso de irmandade, atravessaram essas portas. Nos anos intermediários, muitas mulheres no molde de Atena se depararam com tetos de vidro, a discriminação em salários e promoções; descobriram a misoginia e tiveram em primeira mão a experiência daquilo que as feministas vinham denunciando. Com um pouco de reflexão, as Atenas podem até ter descoberto que alimentavam preconceitos contra as próprias mulheres. Graças ao racismo ou à homofobia entranhados na alma, viver numa cultura patriarcal e aceitar seus valores significa, para uma mulher, considerar as outras inferiores e ela própria uma exceção – até ser também discriminada. Em suma, ambos os arquétipos parecem muitas vezes relacionados internamente em mulheres que se destacam como Ártemis ou Atena.

Meus atos, decisões e reações são sobretudo de Ártemis. Aquilo que sinto intuitivamente – se algo é certo ou errado, a justiça, a preocupação com os pobres – são princípios muito arraigados. Hoje em dia, trabalho em prol de uma quinta Conferência Mundial das Nações Unidas sobre as Mulheres. Considero esse ativismo "minha obrigação"; é uma causa que significa bastante para mim, que exige muito de meu coração e da minha mente, e que levo adiante com outras mulheres dotadas da mesma visão e objetivo. Vejo a conferência como um passo rumo ao ponto alto em que o empoderamento e a igualdade das mulheres marcarão o comportamento das mães. Quando todas tiverem o que desejam para seus filhos, uma mudança real poderá ocorrer no mundo. Atena é uma presença forte em minha psique, como conselheira íntima. Atena é sensível. Baseia suas decisões no pensamento claro sobre oportunidade, energia e apoio disponível.

Faça Acontecer: Mulheres, Trabalho e a Vontade de Liderar (2013), de Sheryl Sandberg, é um ótimo exemplo dessa aliança entre Ártemis e Atena. Diretora de Operações do Facebook, ela trabalha com Mark Zuckerberg e outros num ambiente que parece mais circular que hierárquico – mais do tipo "irmão/irmã" que o modelo corporativo usual "pai fundador", pois este dificilmente combinaria com o homem ou o estilo segundo os quais a empresa parece funcionar. Sandberg atraiu o fogo cerrado de algumas feministas por recomendar acordos na vida pessoal e profissional; algumas ativistas também não a pouparam por criar os círculos "Faça acontecer". Diz ela: "[quando criança], por mais piegas que pareça, eu esperava mudar o mundo". Recorrendo a fatos, lógica e histórias pessoais, ela passa adiante o que aprendeu – de irmã para irmã. Sandberg é, a meu ver, uma Ártemis idealista com uma Atena racional a tiracolo.

Depois de me habituar um pouco com Héstia, percebi que esse é o arquétipo capaz de proporcionar um centro, uma base para minha vida interior e exterior. Foi, depois dos 50 anos, uma mudança para mim. Fiquei surpresa ao notar que gostava muito de viver sozinha, que a serenidade e a solidão de minha casa me bastavam. Saio do espaço do trabalho e da amizade para um mundo mais amplo quando viajo. Faço minhas tarefas criativas e os contatos que o ativismo exige dentro do espaço Héstia do lar e da psique. Ter esse arquétipo implica possuir uma energia sutil, o que não acontece com os outros dois. O foco é um aspecto da consciência que Ártemis e Atena têm em comum. Não se pode dizer o mesmo de Héstia. Entretanto, *focus* em latim significa "lareira", lugar onde Héstia é encontrada.

Héstia representa um foco centralizador, um núcleo espiritual em cujo entorno orbitam as atividades de minha vida interior e exterior. Gostei de ativar os arquétipos da deusa virgem; eles alegram a existência, dando-lhe significado. Ártemis me energiza ou me motiva a fazer o que acho importante, mantendo-me no caminho do coração; Atena me ensina a melhor maneira de realizar essas coisas, sugerindo recursos para que eu não gaste energia em vão. Héstia me restaura o tempo todo, dando serenidade à minha psique e ao ambiente quando estou acordada e proporcionando-me um sono reparador. A esse terreno, em que predomina a deusa virgem, Afrodite também comparece – vejo, sinto e percorro o caminho da beleza, o que é uma bênção. Quanta energia!

Conheço muitas mulheres jovens atraídas pelo ativismo e por causas sem fins lucrativos. Elas têm um pé no mundo real, com seus grandes problemas, e o outro enraizado na espiritualidade, numa mescla de crenças ecléticas que são sua fonte de energia e as tornam convictas daquilo que de fato lhes importa. Noto que muitas mulheres de 50, 60 e 70 anos se acham em fase de transição. Seu ninho agora está vazio e elas procuram outras fontes de significado, aposentam-se ou encontram em si mesmas energias renovadas para relacionamentos ou criatividade. Mães viúvas de amigas minhas, que desempenharam o papel tradicional de esposas de maridos patriarcais, agora moram sozinhas e mostram-se ativas em lares da terceira idade, surpresas ao constatar que esse é o melhor período de sua vida. Algumas são ativistas; outras se expressam por meio da arte; e outras, ainda, leem e discutem ideias, quando não frequentam cursos gratuitos para aposentados em faculdades. Não importam as limitações físicas de seu corpo idoso; elas exercem mais direitos de soberania do que jamais se dera antes. Gastam como querem seu tempo e energia – tal como fazem os jovens privilegiados quando chegam à idade adulta.

femininas foram diminuídas ou absorvidas, tornando-se consortes ou filhas dessas divindades masculinas. A mitologia grega narra a luta pelo poder entre os deuses. Zeus, vencedor, firmou-se como líder do monte Olimpo. O estupro se generalizou. Sob os romanos, a mitologia continuou praticamente a mesma, embora alguns nomes de divindades tivessem sido mudados.

O mundo ocidental era pagão e patriarcal; quem governava eram divindades masculinas e homens. Com a ascensão do cristianismo sob o imperador romano Constantino, as divindades pagãs cederam lugar ao monoteísmo – a uma divindade masculina –, embora essa religião possuísse uma Trindade mística constituída por Pai, Filho e Espírito Santo, e os católicos venerassem a Virgem Maria. Na Idade Média, os governantes alegavam ter o direito divino de mandar nos outros. Só homens podiam ser sacerdotes porque tinham sido criados à imagem e semelhança de Deus. Os teólogos não apenas legitimaram a superioridade masculina como, por séculos, sustentaram que os homens tinham alma... e as mulheres, não!

É importante para nossa condição saber que, antes das religiões patriarcais, os humanos reverenciavam a Grande Deusa, as deusas mães e o sagrado feminino, embora sob diferentes nomes. Não se conhecia a função do homem e do esperma na procriação. Só se observava que toda vida provinha dos corpos das fêmeas e que as mulheres eram corporificações da deusa quando geravam novos seres. As grávidas se iniciavam nos mistérios e perigos do parto, auxiliadas por parteiras, mulheres idosas que sabiam reconhecer todas as etapas do processo. Os doentes também recorriam a elas, por seu conhecimento sobre remédios para dor, febre, ferimentos. Essas anciãs percebiam os sinais de recuperação ou morte do doente. Eram respeitadas e talvez temidas por estarem tão próximas dos mistérios do nascimento e da morte. Essas sábias mulheres, parteiras e curadoras, as primeiras a ir para a fogueira da Inquisição como bruxas, expressavam o arquétipo de Hécate.

Onde havia culto ao sagrado feminino, a relação entre os ciclos da mulher e a lua era clara, reverenciando-se as fases de sua vida. A primeira menstruação e seu fim tinham grande importância e realizavam-se rituais para festejar o início dessas novas etapas. Nossa língua ainda preserva a conexão entre as mulheres e a lua: *mensis* significa "mês lunar" em latim. Menstruação, gravidez e menopausa refletem as três fases da lua, bem como as três etapas da Grande Deusa como moça, mãe e anciã.

A menina se torna moça quando menstrua pela primeira vez, entrando em seu "mês lunar". Segundo as tradições indígenas norte-americanas, as mulheres se retiravam para a tenda da lua com outras mulheres menstruadas, pois as que vivem juntas e ficam expostas ao luar menstruam ao mesmo tempo. Esse era um bom tempo para sonhos, sobretudo os arquetípicos, não pessoais. As mulheres continuavam tendo seus fluxos mensais até ficar grávidas e amamentar um bebê; depois, o fluxo voltava, e isso prosseguia até que engravidassem de novo ou entrassem na menopausa. Pensava-se que o sangue menstrual ficasse retido para contribuir na formação do bebê ou na produção do leite. Na menopausa, quando o fluxo mensal cessava, a ideia era de que o sangue permanecia no corpo, só que agora para gerar sabedoria.

ATALANTA, ÁRTEMIS E A LUA

Atalanta é o mito da mulher que tem Ártemis por arquétipo, e sua história lembra a primeira etapa – a lua crescente – da vida de uma mulher independente. Quando Hipômenes traz Afrodite para a história, Atalanta cai sob sua influência, e um segundo arquétipo se torna ativo em sua psique – como ocorre nas mulheres que se parecem com ela. Até se apaixonarem por alguém, a paixão pode ser por uma causa – animais, vida ao ar livre ou competição com bons amigos ou mesmo amantes. O mito de Atalanta termina quando ela perde a corrida e terá de se casar com Hipômenes ou quando é transformada em leoa, atrelada para sempre ao carro de Cibele. Na vida de mulheres reais com o arquétipo de Ártemis, porém, ainda restam muitos capítulos depois do fim da corrida.

Enumero padrões característicos da predominância do arquétipo de Ártemis e suas principais influências ao longo da vida de uma mulher em *As Deusas e a Mulher.* Todavia, outro, ou outros arquétipos também se tornam muitas vezes importantes; quando isso acontece e entram em conflito com Ártemis, a mulher se sente ansiosa quanto a decisões que possam alterar sua vida. Em geral, essa circunstância envolve alguém, outro arquétipo ou perda de autonomia. Pode ser uma escolha de relacionamento que pressuponha compromisso ou a decisão de ter um bebê. Ou a de iniciar outra carreira, assumir um risco criativo, mudar-se para outro local, responder ao aparecimento de responsabilidades inesperadas. Essas grandes decisões apontam o rumo que a vida de uma mulher tomará em seguida.

Na primeira metade da vida, a metáfora do comitê interno com um ego em bom funcionamento que dirige o processo é um excelente modelo. Ocorrem conflitos interiores quando há grandes forças arquetípicas e vozes competindo dentro de uma mulher – por amor, oportunidades ou perdas. Um líder competente – você, um ego centrado e dinâmico – permite que tudo seja ouvido. Entretanto, decisões importantes não devem ser tomadas por votos de comitês. O comitê interno pode levantar problemas e questões, mas que caminho sua alma seguirá? Quando Ártemis é o arquétipo, uma certeza interior e sólida consegue colocar uma mulher jovem no rumo certo desde o começo, por meio de uma decisão de alma capaz de moldar uma vida inteira.

Outra metáfora mitológica da consciência e da escolha começa com a pergunta: que deusa ganhou a maçã de ouro com a inscrição "À mais bela"? Essa pergunta foi feita durante um banquete de núpcias ao qual todas as divindades olímpicas haviam sido convidadas, exceto Éris, deusa da discórdia. Mas ela apareceu assim mesmo e atirou no meio dos convidados a maçã de ouro com a tal inscrição. Três deusas, cada qual simbolizando uma das três categorias mencionadas em *As Deusas e a Mulher*, reclamam o prêmio! Irá este para uma deusa virgem, representando objetivos, foco, profissão, negócio ou vida acadêmica? Para uma deusa vulnerável, representando o desejo de casar-se, tornar-se esposa ou mãe? Ou para a deusa alquímica, amante e mulher criativa cujo pendor para a beleza, a intensidade apaixonada e o imediatismo será decisivo? No mito, Zeus se recusa a tomar a decisão e transfere a responsabilidade para

Páris, pastor e príncipe troiano. A escolha dele provocou a guerra de Troia. Até o Movimento Feminista, os homens decidiam tudo, e os valores da sociedade determinavam não só o que era importante, mas também o que era possível.

Que deusa fica com a maçã de ouro? A essa pergunta você deve responder levando em conta os arquétipos responsáveis, em sua psique, por determinar o que lhe é mais significativo – e que pode mudar a qualquer tempo ao longo de sua vida. Influências externas, inclusive a pressão para fazer o que "todo mundo" faz, afetam a decisão. Mas a seriedade de um compromisso assumido e a alegria que daí advém para a existência dependem do arquétipo, e esse só você conhece.

SELENE, DEUSA DA LUA CHEIA

Selene, deusa da lua cheia, era chamada *Luna* pelos romanos. Enquanto Ártemis e Hécate são associadas à lua, Selene é *a lua encarnada*. É uma Titã – a geração de divindades gregas que governou antes dos Olímpicos. Mulheres que gostam de cavalos e ainda se veem como seguidoras do padrão Ártemis ficarão encantadas com a imagem de Selene, a próxima fase madura da lua. Os artistas a pintam montada de lado num cavalo ou num carro puxado por uma parelha de corcéis alados. Ela usa uma coroa encimada por uma esfera lunar ou crescente, quando não exibe essas imagens no manto. Sua natureza de lua cheia não é a de uma donzela ou mulher grávida, e sim a de uma mulher *plena*.

Ao descrever Selene como lua cheia encarnada, percebi que sua plenitude *tal qual é* merece mais ênfase. Uma mulher do tipo deusa virgem basta-se a si mesma. Na maturidade ou meia-idade, aquela que apresenta as qualidades de Atalanta/Ártemis pode chegar à plenitude quando as próprias qualidades amadurecem, não em consequência da gravidez em si. Suas paixões e dedicação, sua perseverança e progresso resultam num conjunto de trabalho criativo, numa profissão ou no êxito de uma empresa, que, conforme essa mulher reconhece, nunca chegaria a tanto se ela tivesse filhos. Pode então dizer: "Sou uma mulher plena".

Essa afirmação do eu aparece num cântico de cura de Rachel Bagby que lhe ocorreu num sonho. Neste, que pareceu durar a noite inteira, mulheres de todas as idades, cores, tamanhos, alturas e etnias cantavam: "Sou uma mulher plena, sou uma mulher plena", enquanto dançavam prescrevendo círculos e espirais. Ao final do cântico, mulheres do mundo inteiro se viravam e declaravam sua plenitude. Esse sonho ocorreu a Rachel quando ela "se sentia tudo, menos plena". Foi uma canção de cura para ela e, desde então, para inúmeras mulheres que dançam, cantam e absorvem sua mensagem.

A genealogia de Selene

Embora a mitologia grega seja patriarcal, sua cosmologia – sua história do "princípio" – é bem diferente da cosmologia do deus monoteísta do Velho Testamento, que com a palavra criou o céu e a terra. A *Teogonia* de Hesíodo é a explicação metafórica dos mitos gregos.

No princípio eram Caos, Eros e Geia. Caos era informe e primordial; Eros, uma energia que se originou do Caos ou existia em simultâneo a ele. *Eros* é a palavra grega para "amor", para a força da atração (de moléculas a massas e pessoas) que conduz ao surgimento de algo novo. A princípio, essa energia não era personificada; mais tarde e descendo pela linha genealógica, no entanto, encontramos o deus Eros, filho de Afrodite, na história de Eros e Psiquê. Depois, Eros se transformou em Cupido, o bebê de fraldas que empunha o arco e as flechas do amor.

Após Caos e Eros, Geia (a Terra) toma forma, tornando-se matéria (do latim *mater*, "mãe"). Dá à luz, pela partenogênese, Urano (o Céu), e em seguida se deita com ele para gerar os Titãs, divindades primitivas que personificam elementos da natureza. Hipérion (deus da luz) e Teia (ou Tea, que significa apenas "deusa") foram, por sua vez, os pais de Selene (a Lua). Portanto, as divindades titânicas do Sol e da Lua são irmão e irmã, assim como Apolo e Ártemis.

Pouco se fala de Selene nos mitos, além da genealogia, com uma exceção notável: a história de seu amor por Endimião, o belo jovem adormecido, que cativou poetas e pintores. Keats escreveu seu poema épico "Endimião" substituindo Selene por Cíntia (Cíntia, como Diana, é outro nome de Ártemis). Tintoretto, Van Dyke e Rubens pintaram a dupla Diana/Ártemis no lugar de Selene.

Endimião

No mito, Selene encontra Endimião adormecido numa caverna do monte Latmos e se apaixona por ele. Beija-o e vela seu sono. Fica tão atraída pelo jovem que se ausenta do céu noturno e vai ficando cada vez mais pálida. Quando Zeus descobre que Endimião é o responsável por esse estranho comportamento, oferece-lhe a escolha entre a morte da maneira que ele preferir ou o sono perpétuo acrescido da eterna juventude. Endimião escolhe a imortalidade do sono perpétuo e a juventude em sua caverna do monte Latmos, onde Selene ainda o visita à noite. Em outra versão, a própria Selene, impressionada com a beleza do rapaz, mergulha-o num sono profundo para que possa beijá-lo sem que ele o saiba.

O mito nem sempre nos ocorre quando dizemos que alguém está "no mundo da lua" por causa de alguém; mas a expressão sem dúvida descreve esse estado de devaneio obsessivo em que, quase sempre, a pessoa perde o apetite e vai ficando, metaforicamente, cada vez mais pálida. Essa condição unilateral de amar uma pessoa que às vezes nem sabe que existimos lembra a da caloura deslumbrada com o galã do colégio ou a das fãs prontas a desmaiar pelo cantor andrógino da moda – o que é apenas o despertar de Afrodite nas adolescentes. É também a situação que vemos em *Os Sofrimentos do Jovem Werther*, de Wolfgang von Goethe, o clássico romance alemão do amor não correspondido. Podemos dizer o mesmo de Dante, que viu Beatriz apenas uma vez – encontro que o inspirou a compor *A Divina Comédia*. Um único olhar para ela emocionou-o profundamente e teve efeito avassalador em sua criatividade.

A mulher que se coloca como Selene para um Endimião pode atravessar uma fase na qual está loucamente apaixonada, mas quer apenas olhar para o amado enquanto ele dorme, inconsciente do imenso fascínio que provoca. No mito, Selene vai à caverna do monte Latmos a fim de contemplar e beijar Endimião adormecido. Quando a mulher Ártemis atinge ou ultrapassa a meia-idade, as energias empregadas em sua conexão com a natureza, os animais ou uma causa, ou ainda em seu esforço para competir, podem se concentrar intensamente na beleza de uma pessoa vista "à luz da lua". Ela então conserva a imagem da criatura amada na caverna – na intimidade das profundezas do coração – porque, não tendo antes se apaixonado com facilidade, evita ficar "no mundo da lua" por alguém.

A mulher na situação Selene/Endimião pode ser casada, ter filhos ou estar no auge de uma carreira: esses são elementos de seu dia a dia. Não importam as circunstâncias exteriores, ela entra na fase lua cheia de sua vida *interior* ao interpretar esse mito. É como se tivesse sido enfeitiçada: sucumbe à intensidade do amor e talvez não diga nada ao objeto de seus sentimentos – sem dúvida porque isso lhe parece pouco apropriado ou representa uma ameaça a seu trabalho, relacionamentos ou senso de identidade. A pessoa que você ama pode ser homossexual ou bem mais nova que você, uma figura pública, um padre, um líder espiritual, seu terapeuta, seu aluno, cliente, paciente ou talvez um novo amigo. Seu Endimião pode ser homem ou mulher.

Na teoria freudiana, *libido*, a energia psíquica da atração, é de natureza unicamente sexual – heterossexual ou homossexual. Na psicologia profunda de Jung, a libido não é só isso: é também Eros, ou seja, amor, vitalidade, energia psíquica que atrai, transforma e cura. Segundo a análise junguiana, Eros tem de estar presente para que haja alquimia. No patriarcado e na mente da maioria dos homens, as atrações são definidas e repelidas como sexuais. A teoria e a análise junguianas, por outro lado, veem diferença entre atrações e relacionamentos "homoeróticos" e "homossexuais". A força do patriarcado e da psicologia para patologizar e categorizar vem diminuindo, pois a nova geração aceita que meninos e homens possam admirar outros homens ou amá-los como irmãos sem que isso defina sua orientação sexual. A atração de garotas mais novas por outras mais velhas ou professoras jovens nunca foi considerada patológica, talvez porque passasse despercebida ou fosse considerada mera descoberta de afinidades em outra menina ou mulher. As projeções são muitas vezes positivas quando qualidades e talentos que começam a ser percebidos pela pessoa se projetam num modelo de comportamento. Ela vê a outra à luz mágica daquilo que pode se tornar caso a imite.

Atrações de Endimião

O pressuposto patriarcal da superioridade sexual fálica, além do *status* inferior da mulher, tornou a virgindade – acompanhada da exclusividade sexual, da maternidade e dos cuidados da casa – algo a se esperar da mulher, algo que de fato importava. Os homens escolhiam, e essa ainda é a forma tradicional de casamento. Nos casamentos igualitários, os dois cônjuges se consideram iguais, amigos e parceiros, concentrando-se em assuntos práticos como partilha de tarefas domésticas e cuidados com os filhos. Quando ambos concentram-se em objetivos profissionais e se dão bem como casal, a tranquilidade do lar não é ameaçada. O que se passa na cabeça ou no coração da mulher, ou em relacionamentos com outras pessoas, às vezes não tem a mínima importância para o marido. Esse desinteresse por uma conexão mais profunda com ela, ou o dela própria pelos anseios de sua alma – espirituais, psicológicos, estéticos, criativos ou intelectuais –, podem montar o cenário emocional para que alguém penetre na vida psíquica da mulher como um Endimião.

A mulher talvez não revele seus sentimentos por razões ligadas a papéis, diferenças de idade e inibições, ou ainda por não compreender e interpretar mal a atração. A força de seus sentimentos torna-se às vezes embaraçosa para a mulher; perceber que a outra pessoa não sente a mesma atração por ela costuma ser humilhante – embora ninguém o saiba. A profundidade e a irracionalidade de seus sentimentos pode torná-la vulnerável, muito exposta. Sendo esse o caso, a mulher prefere, como Selene, que seu amado permaneça adormecido – inconsciente de quantas vezes ela imerge no próprio mundo interior, em sua caverna íntima, para ficar com seu Endimião. Consequentemente, aquela que brilhava tanto no mundo exterior agora se enclausura em seu mundo interior. Torna-se sistemática, introspectiva ou insatisfeita com o mundo exterior, que tanto chamava sua atenção.

Há algo de misterioso ou místico na obsessão de Selene por Endimião. A palavra "misterioso" deriva de *mystes*, nome dos iniciados nos Mistérios de Elêusis da Grécia Antiga. Os iniciados entravam em estado alterado de consciência. Não sabemos quais eram suas experiências, mas é certo que, como resultado da iniciação, não temiam a morte. Transformações espirituais, epifanias extáticas e sentimentos profundos estão além do usual e do corriqueiro, embora dentro da experiência humana. Parecem ter em comum uma dimensão mística ou significado maior. Quando uma mulher madura, dona de si mesma, fica obcecada por outra pessoa, ela sabe, por intuição, que essa atração está ligada à evocação de algo que se agitou em seu íntimo. Consegue ver e descrever a pessoa como alguém *não* obcecado o faria, sem no entanto deixar de sentir essa atração irracional e misteriosa. Cede à emoção e às lágrimas. Tem sonhos nitidamente arquetípicos. Isso pode fasciná-la ou abatê-la; mas, mesmo assim, algo nessa mulher agora ganhou vida intensa.

A mulher que tem Selene como arquétipo ativo deve perguntar-se: quem é essa *figura* interior simbólica, arquetípica e mística? Que anseios de cura, plenitude ou vida autêntica ela traz consigo ou impele? E o que, em minha psique, reage a isso?

Quando uma mulher sensata e madura se apaixona de modo obsessivo, seu ego usual é afastado como administrador da psique pelo alcance, profundidade e acuidade de seus sentimentos e por seus pensamentos compulsivos. Ainda assim, ela pode escolher o rumo a tomar. Está nas garras de novas emoções e incertezas que, partilhadas com pessoas próximas – entre elas, seu Endimião, quem quer que ele seja –, podem ter consequências dramáticas também para elas. Assim como outras crises de meia-idade, essa situação colocará à prova todos os envolvidos, abalando pressupostos e relacionamentos. A mulher cujos arquétipos principais são as deusas virgens pode evoluir com essa experiência. Pode robustecer sua compaixão pelos outros, aprender a ser humilde, aproximar-se de sentimentos e emoções que calara em si mesma.

Paixão contemplativa e mística

Paixão implica intensidade e não, necessariamente, desejo físico de natureza sexual. Há, por exemplo, representações teatrais da Paixão de Cristo. Deve haver algo vagamente familiar na história de Selene indo à caverna todas as noites para contemplar Endimião adormecido e beijá-lo sem que ele o perceba. Isso lembra a mãe que entra na ponta dos pés num quarto semi-iluminado para ver o filho imerso em sono profundo e beijá-lo bem de leve para não acordá-lo, movida por sentimentos que antes nunca tivera por ninguém. Nessas ocasiões, ela pode até conter o fôlego, receosa e maravilhada. O filho ou jovem adormecido é, então, um milagre, uma criatura divina.

O famoso verso inicial do poema épico "Endimião", de Keats – "Um objeto belo é uma alegria perene" –, fala desses preciosos momentos, quando a alegria responde à beleza. São momentos atemporais, eternos, apartados do tempo comum. A atração Selene/Endimião começa na alma com um "Ah, como é belo!". Para a mulher independente, essa atração pela beleza – da forma ou do espírito – se conjuga com a necessidade que a própria alma tem de amar mais e mais profundamente, embora isso conspire para lhe tirar a independência.

A visita noturna de Selene à caverna da montanha, para ver Endimião, lembra uma prática espiritual meditativa ou contemplativa em que a paixão mística pela criatura amada está no cerne do culto. Quando se trata de uma experiência interior, a imagem permanece no coração e inunda a pessoa de sentimentos pelo ente que ela ama. É dessa paixão mística que Rumi fala em seus poemas. Ela pode ser semelhante ao misticismo extático de Teresa de Ávila, que vivenciava o júbilo da união com Deus enquanto rezava em sua cela, à noite. Viktor Frankl conseguia se inundar de bem-aventurança recordando a esposa, morta com toda a família no campo de concentração nazista ao qual ele sobreviveu; e fazia isso em meio à miséria e às atrocidades que o cercavam. Trata-se de uma profunda experiência de imaginação ativa que é real no mundo invisível de imagens imbuídas de presença.

O mito de Selene encerra uma receptividade mística, interior, que às vezes emerge na psique quando Ártemis é um arquétipo. Assim como o arquétipo de Ártemis torna a fraternidade natural ou idealizada, o aspecto lunar dessa deusa revela a tendência para a contemplação ou o misticismo.

Vulnerabilidade e atrações

O coração se abre ou se dilata quando a pessoa reconhece estar amando alguém como Selene amou Endimião, ignorando aonde isso possa levar. Na vida real, essa fase de enamoramento entre duas pessoas é passageira, a menos que seja guardada na alma ou na caverna do coração. O esforço para recuperar essa fase gera o anseio. E é necessária uma coragem de um tipo diferente da exigida na luta contra um javali para penetrar a caverna (o antigo acesso ao mundo subterrâneo da escuridão feminina) de forma voluntária e encontrar o caminho à luz da lua, que é uma maneira diferente de enxergar. Ao luar, o mundo da natureza é misterioso e rico em significados potenciais; há beleza e sente-se a unicidade original com todas as coisas. É o reino dos poetas; em neurociência, é a percepção do lado direito do cérebro.

Agir de modo anormal (ainda que ninguém mais o note) e sob o domínio da paixão, estar vulnerável e com o senso de bem-estar dependente de outra pessoa não é uma situação agradável. Trata-se de um terreno emocional novo e desconhecido para mulheres independentes, que se veem presas numa tensão de opostos entre a antiga liberdade e a força da atração, com tudo o que a força da atração representa. Aqui, a reflexão psicológica se impõe. Quem, *sob a forma de uma figura onírica*, é essa pessoa inconsciente que ignora nossos sentimentos e não os retribui? Vale a pena ter sentimentos tão intensos? Para quem pensa de modo concreto, é bem difícil ver além da pessoa e entrever o poderoso símbolo que promete plenitude ou cura (a verdadeira atração). A atração de Selene pelo jovem, belo e inconsciente Endimião pode ser, pois, mais que um fascínio profundo; no caso das mulheres, é quase sempre algo que falta nelas mesmas.

Existem figuras íntimas masculinas, femininas e andróginas que aparecem em sonhos, brilhantes como as cores iridescentes das penas do peito de um colibri ou de um martim-pescador. Às vezes, são tidas como intermediários, guias para conteúdos ocultos no inconsciente coletivo. Esse é um atrativo mais tranquilizador do que uma pessoa real que seja na verdade um símbolo. Mas, assim como uma figura entra no sonho sem ser convidada, uma pessoa fascinante e mágica do mundo exterior pode de repente surgir em nossa vida e tornar-se uma obsessão. Uma Selene talvez não queira um relacionamento real com a pessoa que é seu Endimião. Não está cega para as realidades do mundo exterior, que têm sido seu terreno familiar. Sua sabedoria interior sabe que está sob o domínio de sentimentos espirituais mais profundos em sua psique, despertados pela beleza da outra pessoa – que não se encontra apenas nos olhos do observador, mas é uma resposta dada por sua alma ou coração sensível. Quando isso acontece, ela pode não sentir, como Selene, a necessidade de despertar aquele que desempenha o papel de Endimião.

Quando ambos estão despertos

Quando, porém, ambas as pessoas numa atração Selene/Endimião estão despertas para a existência de um anseio místico mútuo, as tarefas espirituais consistem em manter a tensão entre elas e sentir, expressar e descrever os sentimentos e as imagens que surgem. Precisam ser honestas e autênticas consigo mesmas e com a outra pessoa, isto significa, tornar-se conhecidas e ficar vulneráveis a ela. Construirão então um relacionamento entre indivíduos capaz de promover a evolução, a compaixão e a plenitude. Isso é algo difícil de fazer caso não seja importante e prioritário para as duas pessoas, que podem reconhecer a reciprocidade da atração, mas não querer explorar sua profundidade nem seu significado. Uma delas talvez esteja num relacionamento sólido que essa atração vai ameaçar. E, na vida da maioria das pessoas, há exigências conflitantes por tempo e atenção.

Quando uma mulher Atalanta/Ártemis descobre que se tornou Selene e que esse relacionamento está vivo em seu mundo interior, mas não no exterior, pode decidir, de modo consciente, conservar, ainda assim, seus sentimentos. Enfrentando o mistério, é procurando significado e clareza – por meio da criatividade, sonhos, sincronia ou terapia –, seu coração sensível se torna mais capaz de suportar e conhecer (*gnosis*). Fica então tentada a reduzir a atração a uma simples "tensão sexual" ou "projeção", considerando-a um truque da mente ou um ardil da imaginação. Ou, por fim, reconhecendo e depois minimizando o fato como uma conexão da alma – a velha história do "talvez numa vida passada".

Nas atrações Selene/Endimião da meia-idade, é provável que os três elementos estejam presentes. Há a libido – paixão que pode ou não ter objetivo sexual –, a projeção e, é bem provável, também a conexão anímica. A atração pode resultar em amizade ou casamento. Em certas situações, como na psicologia profunda ou no trabalho espiritual, o relacionamento é cerceado e contido por limites éticos, tornando segura a expressão de sentimentos, mas imprópria sua materialização. Uma vez contidas, as projeções e a transferência podem ser analisadas (e os sentimentos, sublimados), o que conduz à evolução psicológica e espiritual.

Grande engano seria presumir que uma atração Selene/Endimião seja *apenas* o relacionamento entre duas pessoas. Essa presunção lembra outro equívoco, descrito por Jung em carta a Bill W., o fundador dos Alcoólicos Anônimos (AA): o de recorrer à bebida quando a sede é, de fato, por Espírito e comunidade. A primeira sensação provocada por álcool ou drogas pode levar ao vício, substituindo a experiência espiritual ou mística pela qual a pessoa anseia de verdade. A falta dessa experiência é muitas vezes fonte de sofrimento, tal como as drogas ou o álcool criam a princípio uma falsa sensação de descontração, quando o que se quer é, de fato, uma conexão emocional profunda com os semelhantes. Voltar-se para o Espírito e para outros membros do grupo de AA, que lá estão para se ajudar, proporciona aquilo que faltava antes do vício. Nos relacionamentos Selene/Endimião, o significado da atração é sempre um enigma que precisa ser desvendado, não importa se acabe, comece ou perdure. Sentir-se atraído pela beleza é uma resposta da alma. Isso pode nos curar e fazer com que nos perdoemos, e aos outros. Traz profundidade, embora signifique um coração partido – o que, para Atalanta/Ártemis, é uma iniciação no ato de tornar-se mais humano e menos arquétipo.

HÉCATE, DEUSA DA LUA MINGUANTE

Hécate, deusa das encruzilhadas e da lua minguante, era o terceiro e envelhecido aspecto da lua. Na Grécia Antiga, Hécate estava presente onde três grandes caminhos se cruzavam, representada por uma estátua ou coluna de três faces. Uma dessas faces se voltava para o caminho que trazia o viandante à encruzilhada. As outras duas, para onde cada um dos outros dois caminhos levava. Hécate sabe de onde você vem e quais são suas escolhas – o que pode se relacionar a uma decisão capaz de afetar os rumos de sua vida ou pode ser uma encruzilhada interior maior, uma decisão da alma.

Hécate ostenta uma coroa ou tiara cravejada de estrelas e empunha uma tocha em cada mão. Percorria as estradas da Grécia Antiga acompanhada de seus cães negros. Em algumas representações simbólicas dessa deusa, em vez de três faces ou cabeças, ela aparece acompanhada de três animais simbólicos: o cão, a serpente e o leão (ou o cão, o cavalo e o urso). Nas encruzilhadas, em noites de lua nova, as pessoas deixavam alimentos (as "ceias de Hécate") como oferenda à deusa. Hécate é uma Titã, a única divindade dessa estirpe primitiva a que Zeus prestava todas as honras. É irmã de Leto, a mãe indefesa de Ártemis e Apolo.

Hécate está presente nos limiares. É encontrada ao crepúsculo, entre a noite e o dia. Sente-se em casa em cavernas, lugares entre os mundos superior e inferior, entre a esfera dos vivos e a esfera dos mortos ou espíritos. É o arquétipo do médium, vidente, curador, parteira e bruxa. A visão arquetípica tríplice de Hécate refere-se à sua capacidade intuitiva de fazer conexões entre passado, presente e futuro. Intuição é percepção de padrões, uma maneira de ver como uma circunstância ou relacionamento presente evoluiu do passado e se comportará no futuro.

Hécate e transições

Hécate preside aos tempos de transição – aquele momento no qual o que você decide (ou o que acontece) determina um novo rumo em sua vida. Como parteira, conhece as etapas do parto, sobretudo a de transição, a última e mais perigosa antes da saída do bebê. Conhece também as etapas da morte e é o arquétipo de quem trabalha em asilos. Ao reconhecer a relação entre passado, presente e futuro, Hécate é ainda o arquétipo dos terapeutas intuitivos e de quem aprende com a experiência, ficando mais sábio à medida que envelhece. Eu costumava dizer que precisaria ficar velha o bastante antes de escrever sobre Hécate. Quando fiquei, escrevi – ela foi a inspiração e o estímulo para *As Deusas e a Mulher Madura.*

Hécate é a terceira deusa na história de Deméter e Perséfone. Faz apenas duas aparições rápidas nesse longo e famoso mito, mas são aparições decisivas para entendermos seu arquétipo. Quando Perséfone é raptada por Hades e conduzida ao mundo subterrâneo, sua mãe Deméter, em prantos, procura-a por toda parte durante nove dias e noites, mas não a encontra. Por fim, volta ao prado onde Perséfone fora vista pela última vez. Hécate se aproxima e conta-lhe que não viu o que aconteceu porque estava em sua caverna, mas ouviu os gritos da jovem. Mostra-se solidária e sagaz quando diz a Deméter: "Vamos consultar o deus do Sol, ele estava no zênite e presenciou tudo. Pode nos ajudar". Sabia que era importante buscar a verdade. Não sentiu apenas simpatia por Deméter: quis também empreender uma ação piedosa e ficar ao lado dela.

Hécate é a amiga de todas as horas que diz: "Vou com você ao oncologista por causa desse carocinho em seu seio". Ou: "Quero acompanhá-la aos Alcoólicos Anônimos ou à reunião do Al-Anon". Hécate é a sabedoria nas mulheres cientes de que a negação e a racionalização do desejo prejudicam mais do que ajudam quando a verdade tem de ser encarada. Ela é o arquétipo em nós ou uma amiga que sabe disso.

A segunda vez que Hécate aparece no mito é num breve comentário quase ao fim da história. Depois que Perséfone volta ao mundo superior e se reúne à mãe, Hécate a saúda e, desde esse dia, "precede e segue" a jovem. Algumas traduções dizem apenas "acompanha". Hécate representa a sabedoria que podemos adquirir depois de descer ao mundo subterrâneo metafórico.

Ela é uma deusa diáfana, vagamente apreciada e pouco vista, que não tem um deus como par. Além disso, não possui grande poder na mitologia. Quando os mitos clássicos mostram as deusas olímpicas em tríades, Hécate é a mais velha delas. Perséfone é a donzela, Deméter a mãe, Hécate a anciã; Hebe é a copeira e a virgem, Hera a esposa, Hécate a senhora veneranda; Ártemis é a lua crescente, Selene a lua cheia, Hécate a lua minguante que se encaminha para a misteriosa fase da lua nova.

De maneira geral, Hécate é o arquétipo da mulher experiente/idosa que caracteriza a psique feminina na terceira etapa, pós-menopausa, da vida (em geral, por volta dos 50 anos). Como os 50 anos de hoje equivalem aos 35 da época, o período ativo da meia-idade se amplia após a menopausa para muitas mulheres. Vivendo mais, as mulheres desenvolvem outros arquétipos que não o dominante e passam mais tempo na meia-idade ativa, como mães idosas ou profissionais de carreira. Podem reinventar-se e iniciar novos relacionamentos, aperfeiçoar sua educação, trabalho ou criatividade. Hécate pode se tornar uma companheira íntima ou o arquétipo principal quando mais idade significa mais sabedoria.

A Hécate da caverna é diferente da Hécate da encruzilhada. Sua caverna é a soleira ou a entrada para o mundo subterrâneo. Uma soleira entre o mundo exterior sujeito ao espaço/tempo, onde as pessoas concordam quanto à natureza do real, e a realidade incomum do mundo do espírito. Na cosmologia grega, o mundo subterrâneo não é um inferno, mas um local onde visitantes ocasionais podem ver e se comunicar com as "sombras dos mortos". Nessa manifestação de Hécate, a mulher atua como médium ou vidente entre os dois mundos. Muitas pessoas bastante comuns têm experiências paranormais que, começo a pensar, são também comuns e quase sempre reconfortantes. Sentem a presença de alguém que foi próximo em vida – um pai, um cônjuge, um filho ou alguém que as amava –, alguém cuja presença após a morte física lembra a de um espírito guardião ou anjo. Há quem veja formas espirituais parecidas com as que Odisseu vislumbrou quando desceu ao submundo para consultar Tirésias, o vidente cego da *Odisseia*. Reconheceu algumas, mas não tinham substância palpável. Se você for à Disneylândia e vir hologramas de pessoas na Casa Assombrada, verá através delas; no entanto, os detalhes de seus traços e roupas são distintos, tanto quanto as sombras do submundo podiam ser para Odisseu.

Hécate amadurece cedo quando não há adultos confiáveis por perto ou quando uma jovem não tem ninguém a quem recorrer em busca de proteção a maior parte do tempo. Atalanta precisa abrir caminho observando, aprendendo com a experiência aquilo a que deve prestar atenção enquanto avança por florestas desconhecidas – uma caçadora-coletora que pode se tornar vítima de um predador mais forte. É responsável pela própria segurança; tem de aperfeiçoar seus instintos e confiar neles. Às vezes, precisa se deter para refletir sobre o rumo a tomar, fazer um balanço da situação. E, o tempo todo, é forçada a decidir para onde irá e o que fará em seguida. Uma garota que, em sua cidade, precisa atravessar ruas para ir à escola também precisa sempre decidir sobre que rumo tomar, os lugares aonde deve ir e as pessoas nas quais pode confiar. Caso as jovens sejam autoconfiantes, Hécate se torna uma companheira interior logo no início da vida. A criança que não é cuidada por adultos aprende a observar, a não chamar atenção, a aprender com os erros. Ser *adulto antes do tempo* e adquirir experiência desde cedo é aprimorar a sabedoria de Hécate, que percebe padrões e consequências, e, nas pessoas, o caráter e as qualidades da alma.

QUANDO ÁRTEMIS ENVELHECE

Onnolee Stevens, ainda conhecida pelo diminutivo Onzie, embora tenha mais de 80 anos, assombra as pessoas quando estas ficam sabendo que ela acampa na floresta sozinha, em um *trailer*, apenas na companhia de seu "bom cachorrinho". Comprou o veículo depois que carregar a tenda se tornou penoso para seus joelhos, os quais são agora biônicos, graças a uma cirurgia de substituição. Deixou de usar a tenda quando não conseguia mais transportar nas costas tudo de que precisava. Antes, ela própria levava sua mochila. Percorreu assim a Trilha Inca de Cuzco a Machu Pichu, no Peru, atravessou as florestas de Belize oriental e escalou as montanhas da Iugoslávia comunista. O amor de Onzie pela selva e seu gosto pela solidão são qualidades de Ártemis que outros arquétipos de deusa não partilham.

Perguntei-lhe quantos anos tinha quando acampou pela primeira vez sozinha; e ouvi, surpresa, que iniciara essas aventuras aos 55 anos, depois de se divorciar – antes, ir para a selva desacompanhada não combinava muito com um longo casamento e oito filhos. Onzie se formou em assistência social, era terapeuta, fundou organizações sem fins lucrativos, dava palestras e liderava *workshops*, além de defender causas políticas e candidatos empenhados em justiça social e problemas femininos. Mantém contato com seus filhos e netos adultos, pessoalmente ou por e-mail.

Depois de passar anos solteira e satisfeita, Onzie se apaixonou e se casou pela segunda vez. Ela e o marido trabalharam juntos por muito tempo. Depois que se divorciaram, Onzie visitou uma nova comunidade para estar perto dos elementos da natureza que mais amava: água, céu, árvores. Acabou ficando por lá. Mantém amizade com os dois ex-maridos – algo que as mulheres Ártemis costumam fazer, pelo menos depois de algum tempo. Seu trabalho mais recente foi um treinamento intensivo em asilos, o que é, sem dúvida, um apelo de Hécate – trabalhar no limiar entre a vida e a morte.

Em *Mística Feminina* (1963), que com o relatório sobre desigualdade no emprego, da Comissão para a Condição das Mulheres (1963), do presidente John F. Kennedy, lançou as bases para o Movimento Feminista, Betty Friedan escreveu sobre as mulheres da geração de Onzie. Elas fizeram faculdade, casaram-se, tiveram filhos e, supostamente, tinham tudo de que precisavam para ser felizes com a família em bairros da classe média. Esperava-se que vivessem os arquétipos de esposa e mãe – e eram idealizadas quando agiam assim. Friedan citou mulheres que, embora atendendo às expectativas de seu papel, sofriam do "problema sem nome": a infelicidade, acompanhada da certeza de que precisavam parecer felizes.

Quando o casamento terminava para essa geração, as divorciadas mergulhavam numa solidão social em que cada qual tinha de abrir caminho por si mesma. Graças ao espírito indomável de Ártemis, essas mulheres puderam seguir sua bússola interior depois de responder à pergunta: e agora? No início, só sabiam que rumo tomar. Depois, como se chegassem a uma encruzilhada, tiveram que decidir várias vezes qual caminho seguiriam. Cada escolha era um "momento Hécate", cada passo era uma reafirmação – uma decisão diária de permanecer no próprio curso, que poderia conduzir para bem longe daquilo que outras pessoas exigiam delas. Quando você exerce sua autonomia e se encontra no caminho que escolheu, passa a viver uma vida significativa. Mas também corre o risco de se perder ou desanimar no percurso.

Sua história pode ser como a de Ayla, a protagonista de *Ayla, a Filha das Cavernas* (1980) e de outros romances de Jean Auel, nos quais Ayla sai em busca de pessoas iguais a ela. É o que acontece quando uma mulher volta a ser solteira. Até que ponto será difícil e longa a jornada? Ela conseguirá ir adiante? Terá apoio para ser o que é? Encontrará aquilo que seu coração deseja?

Há inúmeras possibilidades para as mulheres cuja vida íntima se nutriu de ideias e histórias. Elas podem ir a palestras que tratem de assuntos de seu interesse. Descobrir organizações com princípios similares aos seus. Lançar-se em aventuras. Viajar para ajudar outras pessoas ou sair em peregrinação. Caminhar. Conhecer lugares onde a beleza e as mudanças do mundo natural alimentem sua alma. Procurar velhos amigos em outras partes do país e do mundo, com quem tiveram laços afetivos. Ficar em casa sozinhas, sentindo-se em boa companhia, ou com um bom livro, evitando convites sociais que as esgotem.

Quando você aceita um convite, tem de desempenhar um papel, e isso exige energia. É uma situação que contrasta com encontros autênticos entre pessoas ligadas pelo coração ou pela alma, isto é, uma relação mutuamente *verdadeira*. Então, a energia é gerada, e não consumida; você se sente mais centrada, mas fiel a si mesma; sente mais amor. Isso pode acontecer entre duas pessoas ou em círculos com um centro sagrado, que respeitem os indivíduos tal como eles são e lhes permitam partilhar o que de fato importa. Esses círculos promovem a criatividade e o ativismo do coração. Alguns, com centro espiritual, apoiam projetos que fazem a diferença. A configuração de um círculo com centro é a da mandala, forma geométrica que C. G. Jung chama de "símbolo do Self".

Onzie foi representante do Millionth Circle, grupo feminino fundado em 2001 com uma grande missão, além de dar apoio às mulheres que dele participavam. Um círculo feminino desse tipo, com um centro espiritual sagrado, ampara e acompanha seus membros – permanecemos em contato, por meio de encontros mensais e e-mails, com as "vidas em progresso" de todos. Promovemos um retiro – ou Encontro de Aprofundamento, como o chamamos – uma vez por ano, quando nos encontramos face a face no círculo. Mulheres que gostam de ficar juntas partilham o arquétipo fraterno de Ártemis; e, em nosso círculo, Héstia e Hécate são também arquétipos vivenciados em comum. Isso se aplica sobretudo àquelas que vivem sozinhas. Quase todas as participantes do círculo são casadas com homens que, à semelhança de Meléagro ou Hipômenes, valorizam sua competência e apoiam a participação delas em grupos de mulheres.

Quando Onzie abandonou o padrão exigido das mulheres de sua idade, tornou-se uma aberração – palavra hoje usada de maneira positiva para designar quem está à margem do fluxo convencional. Os tempos mudaram desde que Onzie fez 50 anos. Quando os *boomers*, os *millennials* e os intermediários chegam aos 18 anos, a maioria já esteve na encruzilhada com Hécate muitas vezes e, portanto, viveu muitas "vidas", com cada grande mudança valendo por uma "encarnação". Em todas, a escolha foi sem dúvida entre a estrada larga das expectativas convencionais e a trilha que leva em direção à autenticidade pessoal. A autenticidade, e não o conformismo, tornou-se um valor cultural, mas isso nem sempre foi assim.

Quando Onzie foi viver pela primeira vez em Port Townsend, não conhecia ninguém ali. Tendo, porém, o senso dos lugares, viu o anúncio de um evento de indígenas norte-americanos aberto ao público e decidiu dar uma olhada. Quando chegou e correu os olhos pelo entorno, percebeu que era a única pessoa branca no local. Foi muito bem acolhida. Nessa cultura onde "avó" é um título de respeito e a sabedoria das mulheres idosas é bem-vinda, mesmo uma senhora branca no final da casa dos 70, de cabelos grisalhos e ali chegada por decisão própria, foi tratada como uma hóspede de honra.

A tradição de valorizar as avós estava envolta nos costumes da Confederação Iroquesa, também chamada de Nações Sêneca. Essa cultura respeitava a sabedoria coletiva do conselho das mulheres idosas, que decidia as prioridades do povo, inclusive sobre a guerra. Na verdade, o que se respeitava era a sabedoria de Hécate, das mulheres além da idade de conceber e cujos filhos eram agora adultos. Elas se preocupavam com o bem-estar de todas as crianças das seis tribos. Como Hécate, deviam olhar em três direções: para o passado, o presente e o futuro. Avaliavam o efeito provável de suas decisões nas sete gerações que estavam por vir.

Em 2004, um grupo de avós indígenas vindas do mundo inteiro se reuniram em um círculo que se tornou o Conselho das Treze Avós Indígenas. Cada uma era, em idade e sabedoria, uma personificação de Hécate. Como indivíduos, tiveram experiências precognitivas – mediúnicas, psíquicas, pré-conhecimento intuitivo – de que um dia desempenhariam esse papel, embora isso fosse inimaginável do ponto de vista lógico. Juntas ou individualmente, elas se voltam para os mundos visível e invisível. Postam-se sem problemas no umbral entre essas duas esferas. Podem ter parecido diferentes quando jovens, como acontecia às deusas gregas em seus aspectos primitivos, mas seu caminho final comum era Hécate. Honradas com o convite para se encontrar com líderes e comparecer a conferências de paz, as Treze representam a sabedoria do sagrado feminino, da espiritualidade indígena que reconhece os humanos como membros bípedes de um mundo no qual todas as formas de vida integram uma totalidade imbuída de espírito.

A humanidade está em uma encruzilhada com Hécate porque temos consciência e escolha numa época em que a mudança climática e as armas de destruição em massa ameaçam transformar este belo planeta num deserto. A beleza e a permanência da vida no planeta dependem da generosidade da Mãe Natureza em montanhas, florestas, oceanos, lagos e vida selvagem, que

– do micróbio à abelha, do salmão ao urso-polar e ao lobo, da minhoca à águia – sobrevive instintiva e inconscientemente em interdependência ecológica. A beleza das florestas é sagrada para Ártemis. Essa é sua paisagem. Honrá-la exige cuidar do planeta e impedir os excessos – da superpopulação à pesca predatória nos oceanos. Temos de coibir os exageros como forma de reverenciar o sagrado feminino.

A incapacidade do rei em prestar as devidas honras ou fazer sacrifícios a Ártemis é que trouxe o javali de Cálidon para seu reino. Considero o javali uma metáfora para a destruição – indiscriminada – da natureza. Quem já esteve no caminho de uma avalanche, uma inundação, um incêndio, um furacão ou um tsunami sabe disso muito bem. Tais calamidades da natureza estão se tornando cada vez mais comuns em consequência da mudança climática, que é nosso próprio javali de Cálidon. Se o rei, símbolo do patriarcado, tivesse honrado a natureza e feito sacrifícios, a fera não devastaria suas terras. Ela foi detida pela flecha de Atalanta e pela espada de Meléagro. Uma dessas figuras míticas representa mulheres com o espírito indomável de Ártemis, que conseguem enfrentar o perigo com frieza e de perto, manter-se firmes, mirar no ponto vulnerável e atingir o alvo. A outra representa homens como Meléagro, cuja espada simboliza o poder e o discernimento para agir decididamente com empoderamento feminino que existe tanto em mulheres quanto neles mesmos. Precisamos mirar as causas de nossa própria destruição – mudança climática, armas de destruição em massa, guerra – e ir em frente com ações fortes e decisivas.

Capítulo Nove

Livres para Ser Você e Eu

Marlo Thomas começa a edição de aniversário de 35 anos do livro *Free to Be... You and Me* [Livres para Ser... Você e Eu] com um "Querido Você". Escreve: "Você notará que, embora as personagens do livro tenham nomes diferentes do seu, eles na verdade se referem a você. *Free to Be... You and Me* foi escrito para lembrá-lo de que você é o herói da aventura da sua própria vida e pode escrever sua história do jeito que sonha com ela". Fico feliz ao pensar que muitos jovens leitores devem ter ouvido essas palavras e estão agora, como membros da geração do milênio (nascidos entre 1980 e 1995), contribuindo para um mundo que respeita a "liberdade de ser".

A mensagem de *Free to Be... You and Me* também condiz com a intenção deste livro. Mitos e histórias tornam-se mais vivos quando, em nós, existe um arquétipo ativo correspondente. Arquétipos são padrões, maneiras inatas de ser e reagir – alguns mais instintivos que outros – alojadas no inconsciente coletivo. O espírito indomável que associo ao arquétipo de Ártemis é visível desde o nascimento em algumas mulheres. Em outras, Ártemis permanece latente e emerge bem mais tarde na vida – ou não emerge nunca. Todos os arquétipos estão latentes e qualquer deles pode, por um tempo, predominar numa fase da existência. Os arquétipos são uma maneira de "reconhecer o terreno", a geografia psicológica de uma pessoa. Haverá características comuns com outras que possuem o mesmo arquétipo, mas cada qual é uma variação única e especial dele.

Nossa vida, com todas as suas reviravoltas, é uma história que elaboramos e na qual buscamos significado. *Entusiasmo* e *vitalidade* são sinais de que estamos vivendo a vida que deveríamos viver ou sendo aquilo que deveríamos ser. Caso contrário, o que temos é confusão emocional, tristeza perene, ansiedade e dores no corpo originadas de tensões e estresse. Tudo isso pode acontecer quando adotamos uma personalidade ou rosto social e nos identificamos com um papel, agindo como se apreciássemos ou quiséssemos viver desse modo. Tomar comprimidos contra um incômodo pode nos deixar mais à vontade, mas não garante o senso de autenticidade e espontaneidade que só conquistamos sendo reais. *Real*, tal como defino essa palavra, diz respeito à alma – trabalho de alma e conexões de alma, expressões que uso, dadas as devidas adaptações, como trabalho do coração e conexões do coração. Esse não é um conhecimento lógico (*logos*); é *gnosis*, conhecimento obtido pela intuição. Quando você faz um trabalho agradável à alma e centrado no coração, você o *conhece*; quando você tem uma conexão de coração ou de alma com outra pessoa, você a *conhece*.

Algumas coisas, pessoas e lugares respondem ao arquétipo que há em nós. Ter a possibilidade de escolher com base na alma, no coração e no arquétipo nos enche de paixão pela vida – uma vida significativa em termos pessoais. Isso só é possível quando somos "livres para ser você e eu", com oportunidades e liberdade para escolher o caminho da alma. *Saber* quando um caminho é certo aumenta nossa confiança à medida que o percorremos, pois passamos a amar o que fazemos e o que estamos nos tornando. Isso expande a consciência e nos torna mais receptivos à beleza; assim, sentimo-nos parte de algo maior e mais inefável.

É necessário haver liberdade para escolher: se é possível dar ouvidos a uma forte intuição de que *este* é o rumo certo a seguir ou se *este* apelo ou amor nos convém. Quando estamos em uma encruzilhada e temos de resolver qual rumo seguir, ou em uma transição ou fase limiar sem nenhum ponto de referência visível, estamos na verdade migrando. Ir para onde? Muitas vezes não sabemos para onde vamos, mas *sentimos* que aquele é o caminho correto. Mesmo quando vencemos certo número de quilômetros – como fizeram Cheryl Strayed percorrendo a Pacific Crest Trail ou Elizabeth Danu ao pedalar de Seattle a San Diego –, chegar ao destino parece mero incidente em comparação com a experiência em si.

MIGRAÇÃO PERPÉTUA

Em seu poema "Migração Perpétua" (*The Moon Is Always Female*, 1980), Marge Piercy escreve, com a ambiguidade típica dos poetas, sobre "nós":

Como saber para onde ir?
Como saber qual é o nosso destino
antes de, na realidade, na esperança ou no pressentimento,
chegar? Você só pode criticar,
o que não custa nada, mas não sabe
o que quer. Ah, mas nós sabemos!

Estará ela falando de você e de mim? Das mulheres? Da humanidade? Ou, na minha opinião, sobre tudo isso? Quando Marge pergunta como saber para onde ir, ocorrem-me as migrações instintivas dos pássaros e peixes, das sementes que brotam e crescem na direção da luz do sol. Acho que a humanidade está evoluindo, e essa é nossa migração. Todos nós participamos dela. Em minha profissão, vejo que as pessoas prosperam quando fazem escolhas significativas e são encorajadas a aprimorar seus dons. Vejo que o medo inibe e o amor expande a consciência. Vejo que a consciência pressupõe o intelecto, o coração e a alma. Vejo que as pessoas mudam e evoluem para se tornar mais espiritualizadas e compassivas. Vejo-as perceber quando estão num relacionamento narcisístico codependente e usar essa percepção para mudar de atitude – o que lhes permite alterar esse relacionamento ou sair dele. Em minha opinião, o que é verdadeiro para os indivíduos bem pode ser verdadeiro também para a humanidade. Talvez por isso a democracia seja um movimento aglutinador em países que foram governados por ditadores. E talvez também por isso a mídia esteja repleta de incidentes em que pessoas comuns, inclusive mulheres, saem às ruas protestando e comemorando.

Toda pessoa se julga uma entidade à parte; no entanto, sendo membros da humanidade, caminhamos ao lado de nossa espécie. Psiques individuais reproduzem temas do coletivo – igualitários e patriarcais, progressistas e retrógrados, amedrontadores e afetuosos. Movemo-nos pela História do mesmo modo que um imenso cardume de peixes diminutos cruza o mar ou um enorme bando de aves migratórias se desloca pelo céu. Nesse coletivo de mais de 7 bilhões de seres humanos, mulheres, como seres individuais, libertam o arquétipo de Ártemis. Feminismo, igualdade entre os sexos, fraternidade, circularidade em vez de hierarquia são ideias com força para transformar pessoas. Estas, por sua vez, transformam os rumos da humanidade coletiva por meio do efeito de presença no campo mórfico humano, influenciado tanto por mudanças no inconsciente coletivo quanto pelo pensamento consciente e pela ação.

Quem possui um arquétipo de Ártemis ativo vem ao mundo com autodeterminação, força de vontade e capacidade de se concentrar. E vem, também, com senso de justiça, atitude igualitária e resposta emocional protetora para com os mais fracos, que não conseguem se defender. A garota que cresce em circunstâncias nas quais precisa obedecer, ser vista, mas não ouvida, tem de ocultar essas qualidades e valores. O garoto dotado de força de vontade, autodeterminação e foco pode ser elogiado por esses talentos; mas, quando dominação equivale a masculinidade, os meninos com senso inato de igualdade, justiça e proteção podem esconder tudo isso para ser "um dos rapazes", um homem entre vários outros. Em qualquer uma das duas situações, o que é inaceitável e rotulado como antifeminino ou antimasculino

opressoras às vezes aguardam até completar 18 anos e sair de casa para expressar sua soberania.

Pais e sociedade podem apoiar ou suprimir alguns arquétipos, enquanto encorajam outros, sejam eles bem-aceitos ou não por uma garota que já começa a vida com um forte traço de Ártemis na psique. Esses são atributos que ela possui e aos quais reage. Existem filhas de espírito indomável numa grande variedade de famílias. Na minha prática e percepção, pais e mães podem ser muito diferentes. Alguns chegaram à idade adulta numa família nuclear intacta, ou um dos pais morreu quando eram pequenos. As mães às vezes são profissionais ou executivas, quando não trabalham para outras mulheres como domésticas ou em casa em tempo integral; não raro, são mães solteiras ou incapacitadas pela depressão, por transtornos mentais ou doenças físicas. Os pais podem ser bondosos, indiferentes, envolvidos ou distantes; podem ser amorosos ou abusivos, além de suscetíveis a acessos de raiva agravados pela bebida. Às vezes, são figuras bem-sucedidas, como Zeus, cujas filhas são a menina de seus olhos; ou molestam e estupram as filhas, agridem-nas e humilham-nas. Gozam de fama internacional ou se sentem fracassados aos próprios olhos e na opinião do mundo. Muitos são *hippies* eternos. As filhas podem ter sido abandonadas.

Em suma, não existe constelação familiar que crie filhas com espírito indomável. Esse é um arquétipo de pessoas independentes. Esforços para "domá-las", como a um cavalo fogoso, podem ou não ter êxito – quando não as matam. As filhas às vezes se convencem de que esse arquétipo as torna ruins, indignas e pouco femininas; então, tentam sufocá-lo. Nesse caso, envergonham-se das qualidades de Ártemis, que, de outro modo, seriam fonte de autenticidade e significado para elas.

PROCUSTO E SEU LEITO

Em tempos míticos, os viajantes que se dirigiam a Atenas tinham de passar por Procusto e seu leito. Penso em Atenas como um destino simbólico e em todos nós como viajantes que se deitam nesse célebre leito. Se a pessoa fosse alta demais, era "podada" para caber na cama; se fosse muito baixa, era esticada, como no instrumento de tortura medieval, até ficar do tamanho dela. "Procustiano" é aquele que se conforma a expectativas não raro arbitrárias.

Atenas era um centro de poder e cultura, um símbolo de objetivos e expectativas coletivas. Encontrar Procusto na "estrada para Atenas" é, portanto, uma história sobre aceitabilidade social, expectativas de gênero e conformidade – os muitos aros pelos quais devemos saltar a fim de impressionar nossos semelhantes, frequentar escolas desde o maternal, ser contratados, noivar e casar, ser convidados para os eventos que nos interessam etc. Somos colocados no leito de Procusto vezes sem conta; é isso que molda nossa figura aos olhos dos outros e determina como eles nos julgam. Para ser aceitos, suprimimos qualidades que a família, a religião, a sociedade, os colegas, os prováveis cônjuges, as esposas e os maridos desaprovam... a fim de atender às suas expectativas.

Nesse processo procustiano, qualidades consideradas atraentes e aceitáveis podem muitas vezes ser "reforçadas", sobretudo quando nos identificamos com a imagem que mostramos aos outros – nossas *personas*, nome das máscaras de tragédia e comédia da Grécia Antiga –, sem reconhecer que a aparência não é tudo. Conformidade com expectativas e adaptação ao leito de Procusto – se possíveis – robustecem a autoestima, a conquista da educação e de um cônjuge, e a entrada no mundo adulto do trabalho. Entretanto, essas adaptações quase nunca são pessoais ou profundas o bastante, até que o arquétipo e a vida se unam a elas.

As crises de meia-idade derivam muitas vezes de "amputações" procustianas: as partes negadas e oprimidas da personalidade, por serem consideradas inaceitáveis. Nesse caso, o que é amputado permanece vivo no inconsciente e se projeta nos outros, que então nos atraem ou repelem. Recorremos, muitas vezes, ao vício para anestesiar esses sentimentos, o que, porém, acaba afrouxando o controle sobre eles. Só na segunda metade, ou mesmo no último terço da vida, é que a individualidade e a criatividade emergem – não raro a partir das cinzas de nossa existência anterior.

ENCONTRE SUA MÚSICA E CANTE-A

É na meia-idade que nos damos conta de onde estamos na vida. Tomamos consciência de como o tempo passa rápido e de que, segundo todas as possibilidades, o número de anos à frente é igual aos já vividos, quando não menor. Na psicologia junguiana, essa é a época para o trabalho interior, que em parte envolve descer ao mundo subterrâneo para recuperar e "re-lembrar" as partes de nós perdidas no processo procustiano. Segundo a análise de Jung, o "individualismo" é importante; seu objetivo consiste em tornar a pessoa genuína, não perfeita, e conscientizá-la ao máximo do que a afeta e atua dentro dela. *Free to Be... You and Me* imaginava uma terra em que garotas e garotos, ao crescerem, podiam se tornar o que deviam ser. Isso lembra bastante o resultado pretendido pelo trabalho junguiano. Os arquétipos são fontes importantes de significado, mas podem também estar incorporados a complexos emocionais que às vezes nos perturbam. Nesse trabalho, perguntas decisivas para a alma vêm à tona; imagem e essência costumam entrar em conflito. Temos então de suportar uma tensão entre opostos ou dar um grande passo sem saber aonde chegaremos. A lealdade para com os outros pode se opor à responsabilidade para com o próprio crescimento espiritual, mantendo-nos numa tensão de opostos até surgir uma solução que transcenda a dicotomia lógica do ou/ou.

Joseph Campbell disse que o importante para a pessoa é descobrir e vivenciar seu mito pessoal. Quando indagado sobre a maneira de fazer isso, ele respondeu com uma pergunta: "O que dá à sua vida um senso de harmonia e bem-aventurança?". Ou, como expresso de modo mais poético por Lawrence LeShan, autor de *O Câncer como Ponto de Mutação* (*Cancer as a Turning Point*, 1994), o que vale é encontrar a própria música e cantá-la. As perguntas específicas de LeShan para seus pacientes são aplicáveis a todos nós:

não são as pessoas mais indicadas para tomar decisões em nome da humanidade e do planeta. Eles determinam quando armas de destruição em massa serão desenvolvidas e usadas; procuram controlar os recursos naturais do mundo; querem controlar o abastecimento de água e alimentos. Possuem meios sofisticados para fazê-lo. Conservar o poder é sua motivação principal, mas não passam de senhores da guerra e chefes de quadrilha movidos por adrenalina, testosterona e necessidade de governar propriedades, mulheres e crianças.

Sabemos, por meio de uma pesquisa da UCLA, que as mulheres reagem ao estresse de maneira diferente da dos homens. As mulheres têm uma resposta do tipo "proteger e cooperar", liberando oxitocina, reforçada por estrogênio; a resposta dos homens é do tipo "lutar ou fugir", com a testosterona reforçando a adrenalina (Taylor *et al.*, 2000). Acordos de colaboração, capacidade de se comprometer, instinto de proteger os vulneráveis, percepção das necessidades egoístas de homens poderosos e talento para decifrar reações emocionais são qualidades que as mulheres, como gênero, possuem. Vemos um exemplo nas vinte mulheres membros do Senado norte-americano que desenvolveram um acordo bipartidário e evitaram um segundo fracasso do governo. A revista *Time* referiu-se a elas como "Os Últimos Políticos" e disse que pareciam "as únicas pessoas adultas em Washington" (28 de outubro de 2013).

As mulheres têm mais conexões entre os hemisférios direito e esquerdo do cérebro. Este, além de tudo, é mais simétrico que o dos machos alfa. As mulheres procuram soluções além da alternativa ou/ou, que é uma limitação dominante do lado esquerdo do cérebro. Também desempenham múltiplas tarefas, ouvem histórias, sentem tanto quanto pensam, colaboram, cuidam de crianças. Graças à educação, à igualdade e ao empoderamento, as mulheres estão agora desenvolvendo e sintonizando o lado esquerdo do cérebro. Por isso, têm o cérebro mais simétrico que o dos homens. Mas homens solidários e criativos também possuem essa característica; ela é evidente em muitos homossexuais e em homens que tiveram a oportunidade de conviver bastante com os filhos ou dividir tarefas e vivências com as esposas. Homens que receberam influência direta do Movimento Feminista, por meio de mães e pais defensores da igualdade, são diferentes; são mais "completos" do que os que se identificam com o estereótipo tradicional do macho. Em termos psicológicos, a atuação e a colaboração são forças estimuladas em ambos os sexos; em termos junguianos, são as qualidades avessas à sexualidade que desenvolvem a *anima* e o *animus.* Em virtude da difusão cultural, tudo o que é criado nos Estados Unidos se torna uma influência imitada ou combatida no mundo inteiro.

A GAROTA SEM NOME

Num episódio que só posso chamar de auspicioso ou sincrônico, dei um tempo na tarefa de concluir este livro para ver o que minha amiga Patricia Smith estava fazendo. Encontrei-a envolvida com um livro novo, a história impressionante de uma garota selvagem criada por macacos – *A Garota sem Nome* (*The Girl with No Name*, 2013). A garota não tinha nem 5 anos – lembra-se de que aguardava com ansiedade seu quinto aniversário – quando foi raptada num parque perto de onde morava, provavelmente na Colômbia, América do Sul. Devem tê-la sedado com clorofórmio. Acordou e voltou a adormecer, ouvindo o choro de outras crianças. Recordava-se de sacolejar num caminhão e, depois, de estar sob os ombros de um homem grande que corria ou fugia por uma floresta. Em seguida, ele a colocou no chão e abandonou-a; a menina ficou sozinha na floresta.

Quando tinha cerca de 10 anos, foi encontrada por pessoas que não a trataram com tanta "humanidade" quanto o bando de macacos-prego que a haviam adotado. Na verdade, o resto da história é mais angustiante do que seu tempo passado na floresta. Ela sobreviveu, é evidente, pois contou a história às suas filhas e lhes transmitiu a experiência. Uma dessas filhas, Vanessa James, publicou o relato com a ajuda profissional de Lynn Barrett-Lee.

Abandonada numa floresta e tendo de sobreviver por conta própria, a garota sem nome estava faminta, sedenta e assustada – sem ter ainda completado 5 anos. Rodeavam-na árvores gigantes, com uns poucos raios de luz se filtrando pela ramagem até o chão. Ouviam-se sons de pássaros, feras e répteis, galhos e flores. Foi muita sorte para ela encontrar-se no território de um grande bando de macacos, é bem provável que macacos-prego, menores que a menina e nada agressivos. Eram curiosos, mas não perigosos.

Por muito tempo, eles mantiveram distância, até ela comer alguma coisa que a intoxicou e o avô do macacos se apressar em salvá-la. Depois disso, a menina passou a ser um deles. Desde o início, observava-os e só comia o que eles comiam – pois havia aprendido, da maneira mais difícil, que consumir certas bagas ou frutos podia provocar envenenamento. Bebia nos regatos, urinava e defecava como os macacos. Estava descalça e seu vestido foi reduzido a farrapos, deixando-a nua; os cabelos, porém, continuavam crescendo. Quando os caçadores a encontraram, eles já cobriam seu tronco. Era então uma menina selvagem de cerca de 10 anos que andava de quatro e emitia sons como um símio.

A menina usava a inteligência e a observação para distinguir um macaco do outro. Aprendeu o que significavam seus guinchos e praticou-os até conseguir se comunicar. Queria subir nas árvores como eles e se esforçou para isso. Disse: "Dia após dia, pelo que me pareceram meses, tentei subir nas menores e mais finas. Caía com frequência – quase sempre vezes seguidas, de muito alto e me machucando –, mas não permiti que os fracassos me desanimassem". Precisava usar os pés como os macacos faziam. A certa altura, parou de andar ereta e passou a se locomover de quatro. Pretendia chegar à copa das árvores, onde o sol era mais quente e havia coisas boas para comer. E, após muito esforço, conseguiu.

Quando os caçadores a encontraram, Marina (como passou a ser chamada mais tarde) voltou a uma civilização mais perigosa e cruel do que a selva. Os caçadores a venderam a uma dona de bordel. Ali, foi banhada e treinada para se comportar como uma criança humana. Tornou-se escrava doméstica e prisioneira. Escapou graças aos próprios esforços, à sorte e ao acaso. Para fugir de um cliente que queria tirar sua virgindade, escondeu-se num carro que saía do bordel com duas outras prostitutas e o motorista; só ela escapou quando o carro se envolveu num acidente fatal. Tinha então, talvez, 11 ou 12 anos, mas parecia mais nova por ser muito pequena – é bem provável que devido à dieta na selva, constituída sobretudo de frutas, castanhas e pouquíssima proteína.

Pelos próximos dois ou três anos, Marina morou na rua, sobrevivendo graças à sua esperteza e os furtos que realizava. Formou uma pequena gangue e o que via acontecer a crianças, ou mesmo bebês, deixava-a indignada. Escreveu: "Sentia uma raiva imensa por causa daquelas criaturinhas. Sendo muito nova, pouco sabia das circunstâncias de suas mães, mas minha raiva era violenta". Essa preocupação com os jovens e vulneráveis, a consciência da injustiça e de que as coisas deveriam ser diferentes caracterizam o arquétipo de Ártemis.

Enquanto os garotos da rua vendiam drogas ou as consumiam e as garotas se entregavam à prostituição, Marina evitava tudo isso. Algo em sua natureza não permitia que renunciasse à sua soberania; não desejava cair em armadilhas, e sabia que tanto as drogas quanto o sexo iriam destruí-la. Um abrigo para órfãos tirou-a das ruas. Ali, tinha cama, comida e a companhia de outras crianças; mas o preço era a perda da liberdade. Não iria trocar a liberdade pela segurança do abrigo; por isso, usou de novo a esperteza e a capacidade de agir por instinto para escapar.

Procurou um emprego de doméstica, em troca de um lugar para comer e dormir, faria qualquer serviço de casa. Bateu em muitas portas, mas essas portas se fechavam após um simples olhar para ela. Então, sua sorte pareceu mudar. A porta de uma mansão foi aberta por uma mulher que lhe falou com gentileza no jardim e lhe deu um emprego. Uma vez dentro, porém,

Marina se tornou prisioneira atrás de paredes altas e portas trancadas; aquela gente era uma espécie de máfia local. Um dia, o chefe da família se aproximou dela na cozinha. Estava sem calças e começou a acariciar suas pernas. Em vez de ficar paralisada, ela olhou ao redor em busca de uma arma. Escreveu: "Tinha a vantagem da surpresa. O sujeito não me conhecia e, é claro, esperava que eu não reagisse. Mas ninguém – nem o poderoso senhor Santos – iria me estuprar. Não enquanto eu ainda tivesse ar nos pulmões". Foi uma resposta instintiva de uma Ártemis autoconfiante.

A menina sem nome era uma Atalanta da vida real – e isso me deixou intrigada. Um título que nunca reivindicou foi o de "vítima". Não importando as circunstâncias ou os adultos ao redor, conservou o dinamismo e a soberania. Não se lamentou nem desistiu. A desistência nunca esteve em seus planos. Ela, sem dúvida, queria sobreviver a todo custo e, *portanto*, a Providência se mobilizou para ajudá-la. Como disse W. H. Murray, que liderou a Expedição Escocesa ao Himalaia: "No exato momento em que decidimos fazer alguma coisa, a Providência entra em cena também. Uma série de eventos decorre da decisão". Chamo a "Providência" de sincronicidade. As pessoas que sobrevivem a uma jornada cansativa ou angustiante para contar essa história são em geral flexíveis e inventivas, mas muitas vezes mencionam um golpe de sorte, um milagre ou uma impressionante coincidência que as salvou.

A menina sem nome teve a boa sorte de ser abandonada na proximidade de um bando de macacos-prego e não no meio de predadores ou outros primatas que viviam naquela floresta. Em

A Era da Empatia (*The Age of Empathy*, 2008), de Frans de Waal, o mais famoso primatologista do mundo, aprendi que os macacos-prego são muito inteligentes. Têm o maior cérebro em relação ao tamanho do corpo entre todos os macacos; dividem o alimento e cooperam facilmente entre si e com os humanos. São animais pequenos, bonitos e espertos, o que impediu Marina de se sentir sozinha. Crianças, no mundo natural, são atraídas pelo que veem; e o que veem as absorve e fascina. Foi o que aconteceu com essa garota. Os macacos não a machucaram; ao contrário, fizeram-lhe companhia. Quando se sentiu aceita, passou a trocar carícias com eles, pois os macacos fazem isso entre si. A Ártemis/Atalanta que havia na menina era *livre para ser* porque o bando de macacos pelo qual foi "adotada" não a magoava física, sexual nem verbalmente. Teve, medindo-se pelos padrões, uma infância melhor que a de muitas garotas criadas na civilização.

UM BILHÃO QUE SE ERGUE – A HISTÓRIA DE UMA ATIVISTA

Eve Ensler é a dramaturga-ativista que criou *Os Monólogos da Vagina* (*The Vagina Monologues*, 1996) e o movimento global "Um Bilhão que se Ergue", para combater a violência contra as mulheres. Escreveu também uma autobiografia, *In the Body of the World* (2013), na qual fala de sua infância rica e cercada de abusos. Sua experiência é *muito mais comum* do que a maioria das pessoas gostaria de reconhecer. Morava em Scarsdale, Nova York; o pai era o CEO de uma empresa alimentícia e sua mãe uma mulher atraente, esposa em tempo integral e pouco carinhosa. Frequentou excelentes escolas de bairro e se formou numa faculdade particular. Na aparência, essa é a imagem norte-americana de uma infância privilegiada. Na aparência, sua história não tem nada em comum com a da garota sem nome. Mas, por sob a aparência, ela também é uma sobrevivente com enorme força de vontade e coragem.

A história de Eve começa com o corpo – seu corpo, um lugar que ela foi obrigada a "abandonar quando meu pai me invadiu e violentou". A menina sem nome ia dormir "com os ouvidos bem atentos" – procurando captar sons de perigo, alerta para ruídos de animais. Eve e muitas outras garotas com pais predadores não dormem tranquilas nem em segurança na própria cama; deitam-se também "com os ouvidos bem atentos", aos passos furtivos no corredor que se aproximam para violentá-las. Quando ficou mais velha e o desafiava (pais assim buscam pretextos para cometer abusos, porque a raiva contra uma criança os faz se sentir poderosos), Eve se lembra das mãos dele "apertando minha garganta, seu punho golpeando e fazendo sangrar meu nariz".

Eve é uma feminista ativista da linha de frente que visitou mais de sessenta países a fim de despertar a consciência das pessoas e conseguir apoio para meninas e mulheres vítimas de agressão sexual. Graças a seu movimento ativista V-Day (Dia V), com mulheres do mundo inteiro interpretando *Os Monólogos da Vagina* para angariar fundos, seu trabalho deu assistência financeira a organizações que se esforçam para conter abusos. Ela só veio a sentir afinidade com a Mãe Natureza e as árvores na terceira fase da vida. No entanto, sua revolta e atuação em favor de meninas e mulheres vulneráveis é uma expressão clara do arquétipo de Ártemis.

A história da infância de Eve, sua alienação e dissociação do corpo (consequência comum do incesto ou de molestamento), o diagnóstico de câncer no útero no quarto estágio e o tratamento vieram juntos com o impacto da viagem à República Democrática do Congo, onde viu e ouviu os resultados de estupros, mutilações e tortura de corpos femininos, perpetrados desde a infância até a idade adulta. Ela conta que se reuniu com seu corpo e que isso a reuniu com o corpo do mundo. Escreve que, quando estamos separados de nosso corpo, estamos separados também do corpo do mundo; tudo tem ligação – vazamentos de petróleo, pilhagem da terra, estupros. As mulheres ativistas se esforçam para salvar ou proteger aquilo que amam. É a tendência a proteger os indefesos, à maneira da mãe ursa; é o arquétipo partilhado pelas mulheres que vão à luta. Suas causas podem diferir, mas a paixão, a perseverança e o vigor na defesa são uma expressão de Ártemis.

A GAROTA ALVEJADA PELO TALIBÃ

Malala Yousafzai, aos 15 anos, tornou-se a pessoa mais jovem a ser indicada para o Prêmio Nobel da Paz. Aos 3 anos de idade, era a alegria do pai, Ziauddin Yousafzai, que lhe deu o nome de Malalai, a Joana d'Arc afegã. Ela ia a todos os lugares com ele; era especial.

A escola estava no cerne do mundo infantil de Malala. Seu pai era o diretor, e a família tinha um apartamento no prédio. Tal como Zeus adorava Ártemis, o pai de Malala adorava sua filha brilhante, que gostava de aprender e ficava sentada na sala de aula, absorta, antes de ter idade para se matricular. Quando começou os estudos, mostrou-se proficiente em línguas e fluente em inglês. Sua mãe era do tipo tradicional e preferia usar o *purdah* (véu) em público, mas, em casa, incentivava a independência da filha.

Malala tinha 11 anos quando o vale de Swat, nas regiões tribais montanhosas do Paquistão, caiu sob o domínio do Talibã, cujo controle, em pouco tempo, se estendeu por toda a área. Ela estudava em Mingora, na parte baixa do vale, um local de férias de verão para os habitantes de Islamabad, capital do Paquistão. Música sufi, festivais de dança, um centro de arte budista da Unesco e ruínas eram as atrações. Malala frequentava a escola Khushal para meninas, uma das duzentas que existiam antes do Talibã. Por trás das grossas paredes de concreto, a escola Khushal era um oásis de esclarecimento e liberdade.

Quando Malala tinha 12 anos, todas as escolas para meninas do vale Swat estavam fechadas. Sua família fugiu da região, juntamente com mais de 1,5 milhão de refugiados, depois que o Talibã assumiu o controle total, em 2008. Voltaram quando o exército paquistanês marcou presença em Mingora e as escolas reabriram. Jornalistas procuraram Malala ao descobrir que ela se expressava com clareza e paixão sobre o que estava acontecendo. Isso a convenceu a publicar um *blog* sob o pseudônimo Gul Makai, a heroína de uma lenda *pashto*. Em um vídeo bastante divulgado, ela anunciou: "Quero servir, servir o povo. Quero que toda criança estude".

Em 2012, Malala voltava para casa da escola, com amigos, quando um homem armado, provavelmente do Talibã, deteve o ônibus, identificou-a e a alvejou na cabeça e no pescoço. De início, os médicos não sabiam se a menina iria sobreviver – e, caso sobrevivesse, se ficaria paralisada. A família foi para a Inglaterra, onde várias cirurgias e sessões de fisioterapia ajudaram-na a se recuperar. Uma placa de titânio substitui parte de seu crânio; a mandíbula esquerda e os nervos faciais foram reconstruídos e um implante coclear no ouvido esquerdo melhorou a audição.

O espírito de Malala é indomável. Ela continua divulgando suas mensagens de maneira articulada e se tornou um símbolo para a educação de meninas. No dia 12 de julho de 2013, falou nas Nações Unidas. Num discurso breve e bastante comovente, insistiu nos direitos das mulheres e na educação das meninas. Gordon Brown, enviado especial das Nações Unidas para a Educação Global e ex-primeiro-ministro britânico, publicou uma petição em nome de Malala que levou o governo paquistanês a ratificar a primeira lei do direito à educação em 2013. Seu livro *Eu Sou Malala: a História da Garota que Defendeu o Direito à Educação e Foi Baleada pelo Talibã* (*I am Malala: The Girl Who Stood Up for Education and Was Shot by the Taliban*) também veio a público em 2013. Em palestras e artigos, ela incentiva as mulheres a lutar por seus direitos e sua independência. Ela também divulga, assim, os valores de Ártemis.

MARINA, EVE E MALALA

Os detalhes dessas três narrativas nada têm em comum. Mas uma coisa as aproxima: o espírito indomável que cada uma exemplifica. A primeira dessas mulheres é hoje avó; a segunda é uma sobrevivente do câncer a caminho de se tornar escritora e ativista; e a terceira é uma adolescente com uma placa de titânio na cabeça. Embora Malala seja a mais famosa por ter sido a pessoa mais jovem indicada ao Prêmio Nobel da Paz, vejo qualidades de Ártemis nas três. Todas, porém, são muito mais que um arquétipo: são, como Atalanta, mortais vulneráveis.

Marina Chapman – a garotinha de apenas 5 anos – precisou de um espírito indomável, coragem e inteligência para sobreviver sozinha numa selva tropical, imitando macacos que aos poucos foram aceitando-a. Essa parte de sua infância lembra os primeiros anos míticos de Atalanta, que brincava com filhotes de urso. Depois de voltar à "civilização" é que as outras qualidades de Ártemis vieram à tona de maneira instintiva: indignação ao ver bebês e crianças negligenciadas, maltratadas; resistência às drogas e aos cafetões para não perder a autonomia; luta instintiva contra um estuprador; abandono de um lugar onde tinha cama e comida, preferindo a liberdade das ruas à segurança. As escolhas conscientes e as reações instintivas de Marina são expressões do arquétipo de Ártemis. Ninguém a ensinou a ser assim; ela não teve nenhum modelo a ser seguido.

O lar próspero no bairro rico em que Eve Ensler cresceu foi cenário de outra notável história de criança sobrevivente. Eve não conseguiu impedir nem o incesto nem a violência do pai.

Ele podia, fisicamente, estuprá-la; mas o arquétipo íntegro da deusa virgem permaneceu intacto. Eve ocultou esse trauma desesperador, como fazem as crianças que sabem de segredos de família. Quando se tornou dramaturga e atriz, a proibição de sequer proferir a palavra "vagina" – e o significado disso para o modo como as mulheres se sentem com respeito ao que está "lá embaixo" – foi o tema de seus esclarecedores, engraçados e vigorosos *Monólogos da Vagina*. Nessa peça de uma só mulher, ela é a voz para muitas personagens que falam ou evitam falar sobre vaginas. A peça acabou sendo interpretada por grupos de mulheres que viram nela uma experiência vinculante e partilhada; essas interpretações também levantaram fundos para ajudar organizações sem fins lucrativos que defendem as mulheres. A peça de Ensler foi levada ao palco por outras atrizes nos Estados Unidos e em vários países, no V-Day, gerando um efeito dominó à medida que mais e mais encenações são apresentadas ano após ano. O dominó está prestes a se transformar em tsunami com o "Um Bilhão que se Ergue": milhares vão chegando a milhões, que dançam nas ruas para conter a violência contra as mulheres. Eve está vivendo seu mito pessoal, com uma infância abusiva ganhando ímpeto para praticar a criatividade e o ativismo. Criança, Eve não conseguiu impedir a violência de que foi alvo, mas agora trabalha para que essa violência não chegue a outras e ajuda vítimas a se tornarem sobreviventes.

Com o "Um Bilhão que se Ergue", todos os participantes – homens e mulheres que dançam no V-Day para mostrar solidariedade e apoio na luta contra a violência, as estrelas de Bollywood que, na Índia, compõem canções – adotam um princípio que

Gloria Steinem expressou várias vezes, a mais recente numa palestra, pouco antes de receber a Medalha Presidencial da Liberdade: "Lembrem-se de que os fins não justificam os meios, os meios *são* os fins. Se quisermos danças, risos, amizades e gentileza no futuro, precisamos ter danças, risos, amizades e gentileza ao longo do caminho. É disso que se trata, no todo e no detalhe" (revista *Ms.*, inverno/primavera de 2014).

Malala Yousafzai, a mais jovem das três mulheres, mal saía da infância quando iniciou sua jornada em prol da educação de meninas. Sua precocidade intelectual e fluência em vários idiomas atraíram jornalistas estrangeiros, fazendo dela uma fonte de notícias, mas também um alvo para os inimigos. A resiliência de Malala em face do perigo e sua luta para recuperar a saúde depois de ser alvejada tornaram-na um símbolo de coragem e uma defensora ainda mais vigorosa de sua causa.

São duas as grandes forças sinérgicas que encaminham Malala para a pessoa na qual está se transformando: o arquétipo de Ártemis/Atena e as expectativas que outros depositam nessa jovem (uma heroína, uma criatura especial). Há aqui uma analogia com a visão binocular que apresentei em *As Deusas e a Mulher.* Temos percepção profunda porque cada olho vê o mesmo objeto de um ângulo diferente; o cérebro funde as duas imagens, o que proporciona profundidade de visão. Do mesmo modo, duas forças consideráveis atuam sobre nós, ainda que não saibamos disso: as expectativas da família e da cultura (estereótipos) e os arquétipos que seguimos. Acrescentem-se a isso o momento histórico e o lugar em que Malala vive – no campo de batalha literal entre crenças patriarcais fundamentalistas e novas ideias de democracia que preceituam direitos iguais e empoderamento feminino. Esse conflito ideológico/psicológico é mais extremo no Afeganistão do que em qualquer outra parte do mundo, mas o mesmo embate está ocorrendo aqui. Os Estados Unidos não aceitaram a Emenda dos Direitos Iguais nem ratificaram o CEDAW (sigla inglesa de Convenção para a Eliminação da Discriminação contra as Mulheres).

Não bastasse isso, existe algo de inefável, mas real, em todas as pessoas místicas e espiritualizadas que defendem o senso de significado pessoal e a vontade livre. Trata-se da noção universal de que todos nós temos alma e, portanto, um propósito ligado à maneira como reagimos ao privilégio e ao sofrimento.

A CORAGEM DAS CRIANÇAS

Também vejo Marina, Eve e Malala como exemplos de crianças corajosas e competentes. Muitas pessoas precisam se lembrar de que foram crianças intrépidas. Precisaram enfrentar medos reais e imaginários. Crianças têm medo e fazem o que delas se espera. Esquecendo aquela época, esquecem também os bravos pequeninos que foram forçados a ser. Para essas crianças, tudo no cotidiano eram perigos, passos rumo ao desconhecido – a escola nova, os vizinhos, o caminho da escola ou da loja, a volta para casa sem saber se os pais tiveram um bom ou um mau dia. Em geral, esses perigos não são tão ruins, em termos objetivos, quanto os da vida numa aldeia africana, frente a uma guerra civil ou à necessidade de andar quilômetros para buscar água ou lenha, enfrentando possíveis predadores humanos e animais.

Mas, para crianças, situações perigosas são suas próprias zonas de perigo. Elas precisam ter coragem e estratégia para agir com naturalidade em estado de alerta, sabendo que seus algozes podem estar à espera na saída da escola ou que vão encontrar um pai abusivo em casa.

Penso nos adultos bem-sucedidos que conheço e que, quando criança, tiveram de se mostrar corajosos todos os dias. No colégio, um menino que nem sabia o significado da palavra "homossexual" era atormentado e espancado na frente dos outros, que apenas olhavam. Participava, involuntariamente, de um espetáculo esportivo, pois o *bullying* em geral não passa disso. Penso também no profissional asiático cuja família morava num bairro de brancos da classe média e sempre corria o risco de ser xingado ao voltar da escola. Essas crianças tinham um senso inato de que as coisas piorariam caso contassem aos adultos sobre seus sofrimentos – e provavelmente piorariam mesmo, nos dois casos.

O perigo ou o medo, para muitos outros, está em casa: às vezes, o risco de abuso; outras, o constrangimento social, quando colegas ficam sabendo de sua vida familiar, com um pai desnorteado e de mente instável por causa da bebida; outras, ainda, a necessidade de aceitar um irmão problemático. Para uma garota, era a indiferença da mãe em relação a seu amor aos animais – uma história que veio à tona décadas depois, num círculo feminino. Essa mulher nos contou que, quando estava num acampamento de verão, a mãe entregou seu cachorro a um lixeiro para que se desfizesse dele. A menina só ficou sabendo do que tinha acontecido ao voltar para casa. A fim de não irritar a mãe, ela calou fundo o episódio, na mente e no coração. Mas, ao recordá-lo, começou a soluçar como uma criança que por fim descobrisse ser seguro chorar.

No mundo natural, há predadores e presas. A criança sensata e vulnerável a predadores age como cervos, cavalos e coelhos: confundem-se com o ambiente ou misturam-se a grupos para não chamar a atenção. Às vezes, ficam paralisadas e não conseguem se mover; outras mostram-se cautelosas em certas horas do dia ou em determinados lugares. Sem ter uma compreensão conceitual disso, as crianças que sobrevivem se tornam especialistas em ler a linguagem corporal, o humor e outros sinais do que está por vir; e interpretam as condições de determinados lugares ou horas do dia. Aprendem a calar seus sentimentos quando mostrá-los não é seguro; podem camuflá-los ou se dissociar deles – e o fazem.

HUMILHAÇÃO, VERGONHA E CULPA

As crianças se sentem humilhadas quando são maltratadas ou negligenciadas pelos adultos. Assumem a vergonha que os adultos merecem pelo que fazem, não fazem ou deveriam fazer. Essa realidade psicológica magoa o coração da mãe ursa que existe em mim, quando me falam a respeito. Já é ruim o bastante quando o que não deveria acontecer acontece; as infelizes circunstâncias das calamidades naturais, guerras e doenças são parte da vida. Mas sofrimento desnecessário e gritante é infligido por adultos quando a criança se vê obrigada a suportar o peso do alcoolismo, da cólera injusta, da culpabilização, indiferença ou ciúme de um pai. As crianças nascem boas; querem consolar ou ajudar outra criança ou adulto que sofre. Possuem um senso inato de justiça. Assim, quando são tratadas com desdém, crueldade ou negligência, presumem que esse tratamento seja merecido. Acham que são más, pois é o que o abusador lhes diz. Pesquisa feita e compilada por Dacher Keltner em *Born to Be Good* (2009) apresenta um caso convincente que refuta a assertiva contrária de religiões e teorias psicológicas patriarcais. Crianças pequenas gostam de ver os pais melhores do que são e protegem a imagem deles à custa de si mesmas.

Racismo, sexismo e todos os "ismos" aplicados a um tipo de pessoas ditas melhores que outras são negativos e destrutivos. E quando alguém leva você a acreditar que é o "outro tipo" de criança, o efeito negativo é dobrado. Primeiro, você é tratado com injustiça; depois, você mesmo justifica esse tratamento. Lembro-me de uma mulher criada no Sul segregado dos Estados Unidos. Negra e culta, trabalhava na area da Baía de San Francisco, e o clima inusitadamente quente do lugar fazia-a evocar o calor que sentia na infância. Disse-me que os garotos brancos iam nadar na piscina municipal, mas ela não podia. E justificava sua exclusão repetindo o que lhe haviam ensinado na época: aquilo era necessário porque "os negros são sujos". Fiquei triste ao constatar que ela havia internalizado esse racismo e sustentava esse preconceito contra pessoas da própria cor.

Do mesmo modo, crescer em uma cultura patriarcal pode resultar em homofobia internalizada em homossexuais, bem como em mulheres que desvalorizam outras, não podendo confiar nelas. Em algumas famílias, sentimentos de inadequação e vergonha por ser mulher passam de geração em geração. A despeito das baixas expectativas, se uma menina se comporta bem, isso é usado contra ela, ainda que não haja fatores estigmatizantes. No topo desses "ismos", toda menina e toda mulher têm de suportar os estereótipos e as comparações com outras e os exemplos que a mídia fornece da aparência ideal das mulheres. Isso só aumenta o sentimento de inadequação.

Na adolescência, as garotas que têm pais menos educados, ou social e economicamente menos privilegiados que os das colegas – quando são, apenas diferentes –, podem ser induzidas a sentir vergonha. Julgam-se então desvalorizadas, e essa atitude perdura até que a reconheçam pelo que é e a examinem a fundo. Quando vieram de outros países ou da pobreza, os pais em geral são corajosos, trabalhadores, pioneiros que assumem riscos e fazem de tudo para criar os filhos ou mandá-los para a universidade. Se você for capaz de ver sua infância e seus pais com clareza e compaixão, isso restaurará seu senso de valor e lhe dará algo de inestimável: orgulho pelo que é e por sua família, bem como uma nova apreciação da criança que você foi e de seus pais.

Muita coisa da infância é esquecida e deixada de lado quando a pessoa enfrenta o desafio de se tornar um adulto eficiente e respeitável. Sim, como adulto que se envergonhava quando criança, você pode ser suscetível à humilhação e à vergonha, culpando-se mesmo quando isso não é razoável e nenhuma testemunha justa o faria. Talvez se lembre de ter sentido vergonha e culpa, ou de coisas deprimentes, negativas, ditas sobre você ou para você. Os outros, em vez de reagir com compaixão ao presenciar algo doloroso, tendem a pôr a culpa na vítima: "*Você* é que deve ter provocado..." ou "*Você* deveria ter previsto...".

O PASSADO VISTO SOB UMA LUZ DIFERENTE

Depois de penetrar na área das lembranças e sentimentos evocados da infância, você tem a oportunidade de examinar, sob uma luz diferente, o que lhe aconteceu ou o que fez. Talvez se torne uma testemunha confiável para si mesma – alguém que agora contempla aquele período da vida em que se sentiu envergonhada ou se comportou mal para reavaliá-lo da perspectiva de um adulto observador, compassivo e tolerante. Tem a oportunidade também de reconhecer que, quando criança, precisou ser corajosa. Você provavelmente, por ser muito nova, sentia medo quando às voltas com um episódio vergonhoso – mas sobreviveu. E talvez tenha transferido seu sofrimento ou desilusão para outra pessoa.

Há cura e uma nova apreciação a serem feitas. Dê a você mesma certo crédito. Você passou pelo divórcio de seus pais ou o suicídio de um deles, por problemas no colégio, abuso sexual, brigas de família, um acidente, hospitalização, estupro – tudo quanto possa ter sido difícil ou mesmo horrível.

Quando se lembra da criança corajosa que foi, pense no que estava então faltando. O que pode dar agora a você mesma? Como pode ser a adulta que gostaria de ter a seu lado – capaz de amar e aplaudir, abraçar e confortar, sentir por você, mas não tratá-la como vítima? Era seu destino, então; hoje, como adulta, você pode dar graças pela criança que foi. Como o atleta que empunha o bastão numa corrida de revezamento ou o portador da Tocha Olímpica que a passa adiante, a criança que você foi fez a primeira volta na pista e transmitiu suas experiências à adolescente – e a adolescente teve de encarar o que pode ter se tornado uma corrida de obstáculos. Então, da juventude à idade atual, os ciclos de sua vida foram se sucedendo.

A menina que vem ao mundo com as qualidades de Ártemis e se volta para a natureza recebe dela muito mais que um refúgio temporário das emoções alheias ou um lugar onde possa chorar em segredo. A natureza é também um lugar onde consegue ser curiosa e feliz, onde sente espanto e deslumbramento. A mulher adulta tocada pela beleza e pela força da natureza recebeu esse sentimento como legado de uma criança Ártemis no passado. A criança que está "sob a proteção de Ártemis" preserva sua conexão com o deslumbramento, a esperança e a coragem enquanto se transforma na mulher que deverá ser.

A ideia de que meninas Atalanta/Ártemis são delicadas e frágeis como bonequinhas de louça não procede. É ousadia em face da dor e da dominação, perseverança para se sair bem na escola ou cair e se levantar. Talvez você sentisse medo, mas fingisse o contrário. O medo não a impediu de enfrentar o desafio de fazer algo que nunca havia feito e não sabia que pudesse fazer. (É isso que as sociedades esperam de garotos amedrontados e de jovens enviados à guerra.) Havia, porém, a imaginação ou o conhecimento íntimo de que as circunstâncias mudam e de que nem todas as pessoas são como aquelas que a oprimiam.

Essas qualidades brotam de um espírito insubmisso, indomável, arquetípico. Você talvez as tenha em comum com mulheres cujas histórias escuto em meu escritório, em círculos femininos e nas Nações Unidas, sobre garotas criadas em meio a conflitos armados, em campos de refugiados, em cidades sem lei onde se sabiam vítimas de predadores. Todas eram meninas corajosas, que preservavam a esperança e se tornaram mulheres fortes, com o espírito indomável do arquétipo de Ártemis.

Algumas estão hoje na linha de frente do feminismo, lutam pelos direitos dos animais e pela preservação da natureza. Em seu ativismo, são como Ártemis, a deusa da caça, que se empenha em defender seus protegidos e pune os violadores daquilo que considera sagrado.

Feminista e mística: essas foram as duas faces de minha própria experiência de Ártemis, deusa da caça e deusa da Lua. A natureza é onde muitas de nós tivemos experiências *numinosas* – palavra bem adequada que significa um êxtase, além da possibilidade de expressão, por algo inefável, espiritual, místico – e a atribuímos à divindade. Essas experiências induzem a sensação de possuirmos um lugar no universo; de estarmos num universo inimaginavelmente vasto, mas cheio de significado. *Gnosis*, de novo: isso não é lógico, nem explicável racionalmente, mas também não o são a sincronia e o fluxo, ou um sonho arquetípico repleto de símbolos não pertencentes à experiência do sonhador.

Existe outro aspecto de Ártemis como deusa da Lua que, percebo agora, vem com um senso psicológico interior das fases da Lua. O fato combina com minha própria vivência ao longo da lua crescente, da lua cheia e, agora, da lua minguante. Ainda sinto indignação e vontade de agir, as duas energias que impulsionavam a versão mais nova de mim como Ártemis armada de arco e flechas, pronta para erguer a voz ou fazer alguma coisa. A versão mais antiga e mais sábia de Ártemis é Hécate, a deusa das encruzilhadas e da lua minguante. É o conselho dela que sigo para decidir meus próximos passos, agora. Trata-se de um velho hábito, como uma resposta pavloviana? Ou de vitalidade e paixão em minha psique? O que busco talvez não seja obtido nem solucionado no prazo de minha vida, mas ainda assim preciso fazer algo para chegar lá. Também não sei o que será da vida das pessoas que amo e ajudo, mas nem por isso vou deixar de amá-las.

Versos de Rainer Maria Rilke descrevem bem essa etapa da minha vida: Deus é uma fonte concreta e insondável de graça e significado, da qual me cerquei por grande parte de minha existência. Penso na "torre primordial" como meu *axis mundi*, "o ponto fixo do mundo que gira", para recordar as palavras de T. S. Eliot em "Burnt Norton".

Vivo a vida em círculos que se expandem
e se projetam mundo afora.
Talvez não complete o último,
mas a ele me entrego.

Circulo em torno de Deus, em torno da torre primordial.
faço isso há milhares de anos
e ainda nada sei: sou um falcão,
uma tempestade ou uma grande canção?

Pensamentos Partilhados

Impelida como um falcão que migra, posso
desviar-me, mas voltar parece
errado. Se navegar por mapa, acaso
ou paixão, conhecerei a forma
das montanhas da liberdade. Ah, conhecerei!

– Marge Piercy, versos finais de
"Perpetual Migration" [Migração Perpétua]

Você talvez tenha resolvido ler este livro por sentir que ele lhe diria algo sobre você mesma. Espero que isso tenha acontecido. E espero também que você se lembre da criança que foi e de como, graças à sua determinação, sobreviveu às dificuldades que surgiram. Ninguém sai ileso da infância. Os pais não podem proteger os filhos das coisas ruins que acontecem – sobretudo quando as coisas ruins que acontecem são provocadas por eles.

Se você reconhece as qualidades de Ártemis em sua natureza, é provável que tenha sido uma criança corajosa, pronta a assumir determinados riscos físicos, explorado muita coisa por conta própria e fingido não temer a rejeição ou ser afetada por ela. Perseverou; chamavam-na de teimosa, mas você não renunciou às suas crenças, embora, provavelmente, tenha aprendido a não falar sobre elas. Você odiava ver crianças indefesas sendo incomodadas ou adultos mesquinhos e mentirosos sendo elogiados. Por certo se meteu em apuros por não manter a boca fechada; ou ainda sente vergonha por não ter dito o que devia. A criança que foi ainda vive em seu íntimo. Ela a acompanhou durante os anos mais difíceis de sua vida, camuflada quando você queria se esconder, mas sempre de cabeça erguida. Talvez você não tenha pensado muito nela, exceto se fez terapia.

Na terapia e nos círculos, em que as pessoas dizem a verdade sobre sua vida, os acontecimentos dolorosos da infância e o significado deles se transformam graças a uma resposta sincera de outras pessoas compassivas e sensatas – pessoas que dizem aquilo que você queria ouvir de seus pais e conhecidos, mas nunca ouviu. Coisas como: "Isso não devia ter acontecido", "Alguém devia ter notado", "Você na verdade fez o melhor que podia" ou "Você tem coragem". E, implícitas nessas palavras, há estas: "Lamento", "Você sofreu e ninguém reparou", "Você é importante/Gosto de você". Frases assim reconhecem o sofrimento e a angústia que não puderam se expressar e a coragem necessária para suportá-los. Agora, da perspectiva adulta, você pode olhar em retrospecto e se ver, ver a situação e as pessoas sob uma luz diferente. *É* possível depor o fardo que remonta à infância e transformá-lo. *É* possível tratar com carinho sua criança interior e a de outras pessoas. *É* possível perdoar, e não repisar o que aconteceu e não devia ter acontecido. *É* possível tornar-se uma pessoa compassiva e sábia.

A maioria dos exemplos que dou aqui, desde o mito de Atalanta até histórias reais, é de garotas indomáveis e mulheres sobreviventes. Embora todas as mulheres, no curso da vida, tenham sua cota de maus momentos, você talvez seja afortunada ou, mesmo, muitíssimo afortunada. Talvez tenha crescido no seio de uma família que a amava e a incentivava a ser você mesma; talvez tivesse colegas que a consideravam uma líder, atleta ou competidora. E talvez você aceitasse isso como um ponto pacífico. Ninguém passa a vida inteira sem sofrer. Mas pode ser que você, agora, perceba como foi feliz e quanto provavelmente ainda é. O reconhecimento de sua felicidade na infância sem dúvida a induzirá à gratidão. E, quando a gratidão substitui o direito a alguma coisa, a alma cresce.

Reconhecer os próprios erros é humildade. Significa lembrar e reafirmar experiências passadas, inclusive danos ou ofensas a outras pessoas em atos, palavras ou pensamentos. Reconhecer a própria indiferença e leviandade nos torna humildes e, em contrapartida, sábios, sendo essa outra lição para o crescimento da alma. Talvez você possa compensar algumas dessas pessoas agora, sobretudo pelo trabalho interior.

Quem estiver lendo este livro tem o privilégio de ser culto, letrado, psicologicamente profundo e, sem dúvida, possui afinidade com Ártemis. Pode se identificar com Atalanta e reconhecer Ártemis como seu arquétipo principal. Você vive numa época, um lugar e uma cultura em que esse arquétipo é mais livre para se expressar do que em qualquer outra fase da História. Se é atraída pela beleza e pelo mistério de uma paisagem iluminada pela luz da lua, que é um aspecto de Ártemis, deusa da Lua e dos arquétipos lunares, sabe algo sobre o limiar onde os mundos visível e invisível se sobrepõem e que palavras como arquétipo, anjos e ancestrais são significativas e relevantes. Por isso você pode acreditar que a prece, os mantras e os rituais são eficazes. Pode sentir, quando medita ou reza, um mundo invisível e espiritual que liga o pequeno eu ao grande Eu, sensível também caso você esteja no seio da natureza.

Quer passemos por uma fase de interiorização ou exteriorização, as experiências do sagrado evocam sentimentos de amor e gratidão, além de uma sensação de bem-aventurança. Isso costuma ser uma grande fonte de ativismo para homens e mulheres inspirados em Ártemis, que protegem ou resgatam crianças e mulheres, respeitam e defendem as matas, as árvores e os animais, que alimentam os filhotes de todas as criaturas, que acreditam em oportunidades e responsabilidades iguais para homens e mulheres quando se trata de tomar decisões importantes. Quando essas crenças se instalarem no mundo, uma nova era – predita e antecipada por fontes esotéricas – se anunciará, tornando a paz e a prosperidade possíveis para a humanidade e o planeta.

Acredito que objetivos cruciais serão atingidos se cada pessoa fizer o que lhe parecer verdadeiro. Cada pessoa é parte de uma rede de consciência e escolha que vibra e causa ondulações na invisível *matrix* humana chamada por Jung de inconsciente coletivo, e pelos biólogos teóricos, de campo mórfico. Essa interconexão é simbolizada pela rede de Indra, onde cada indivíduo é uma joia especular na trama de uma vasta rede, e uma mudança sutil em uma afeta todas.

Acredito que cada um de nós também faz parte de uma jornada evolucionária, uma "migração perpétua" para se tornar sábio, para fazer jus ao nosso nome científico *homo sapiens*, do latim *sapienta*, que significa "sábio".

A meu ver, somos seres espirituais empreendendo, nesta vida, uma experiência humana. A partir dessa premissa, é importante que encontremos propósito e significado em nossa vida e nos tornemos as mulheres e os homens que deveríamos ser.

Graças ao indomável espírito de Ártemis, esse esforço é mais bem empreendido com amor, esperança, perseverança e otimismo.

Recursos

MITOLOGIA

Bulfinch, Thomas. *Bulfinch's Mythology: The Greek and Roman Fables Illustrated.* Compilado por Bryan Holme com Introdução de Joseph Campbell. Nova York: Viking Press, 1979.

Callimachus. "To Artemis", *in Hymns and Epigrams.* Trad. de A. W. Mair. Cambridge, MA: Harvard University Press, 1969.

Evslin, Bernard. *Heroes, Gods and Monsters of the Greek Myths.* Toronto: Bantam Books, 1968, pp. 173-90. Copyright © 1966 Scholastic Magazines, Inc.

Galloway, Priscilla. *Atalanta: The Fastest Runner in the World.* Ilustrações de Normand Cousineau. Toronto: Annick Press Ltd., 1995.

Grant, Michael e John Hazel. *Gods and Mortals in Classical Mythology: A Dictionary.* Nova York: Dorset Press, 1985. Publicado pela primeira vez na Grã-Bretanha por Weidenfeld and Nicolson, 1973.

Graves, Robert. *The Golden Fleece,* The Folio Society, 2003. Nova York: Penguin Modern Classics, 2011.

Hamilton, Edith. *Mythology.* Boston: Little, Brown and Company, 1942. "Atalanta", pp. 244-51.

Mayerson, Phillip. *Classical Mythology in Literature, Art, and Music.* Nova York: John Wiley and Sons, 1971, pp. 354-57. Atalanta, a caçada ao javali de Cálidon e a corrida estão em *Age of Heroes,* escrita e encenada no grande período clássico (século V a.C.) por Eurípides (485-406 a.C.) e Ésquilo (525-456 a.C.). Mayerson alude muitas vezes ao poema épico de Keats, "Endymion", e cita algumas de suas estrofes. Detalhes do mito de Selene e Endimião, pp. 166-69.

Miles, Betty. "Atalanta", *in* Marlo Thomas, *Free to Be... You and Me.* Filadélfia: Free to Be Foundation, Inc, 2008, pp. 76-85.

Ovídio. *Metamorfoses.* Trad. de Rolfe Humphries. Indianapolis, IN: Indiana University Press, 1955, 1983. "The Calydon Boar", pp. 190-95; "The Brand of Meleager", pp. 195-98; "Venus tells the Story of Atalanta", pp. 251-57.

Tripp, Edward. *The Meriden Handbook of Classical Mythology.* Nova York: New American Library, 1970.

FICÇÃO

Alcott, Louisa May. *Little Women* (1868). Toronto: Bantam Classics, 1983.

Auel, Jean M. *The Clan of the Cave Bear.* Nova York: Random House, 1980. Primeira das séries factualmente pesquisadas.

Collins, Suzanne. *The Hunger Games.* Nova York: Scholastic Press, 2008. Primeira parte da trilogia.

Gilbert, Elizabeth. *Eat, Pray, Love: One Woman's Search For Everything Across Italy, India, and Indonesia.* Nova York: Viking Penguin, 2006; Nova York: Penguin Books, 2007.

James, E. L. *Fifty Shades of Gray.* Austrália: The Writer's Coffee Shop, 2011. Primeira parte da trilogia.

Larsson, Stieg. *The Girl with the Dragon Tattoo.* Traduzido do sueco por Reg Keeland. Nova York: Alfred A. Knopf, 2008. Primeira parte da trilogia.

Thomas, Marlo. *Free to Be... You and Me.* Filadélfia: Free To Be Foundation, edição do 35º aniversário, 2008. Canção: "Free to Be You and Me". Música de Stephen Lawrence. Letra de Bruce Hart, pp. 10-1.

NÃO FICÇÃO

Bolen, Jean Shinoda. *Close to the Bone: Life-Threatening Illness as a Soul Journey,* ed. revista. San Francisco: Conari Press, 2007. Originalmente publicado em Nova York: Scribner, 1996; edição de bolso, Nova York: Simon and Shuster, 1997.

____ . *Crossing to Avalon: A Woman's Midlife Pilgrimage.* San Francisco: HarperSan Francisco, 1994.

____. *Goddesses in Everywoman.* San Francisco: Harper & Row, 1984; Harper's Colophon, edição de bolso, 1985. Edição de bolso do 30º aniversário (com nova Introdução), Nova York: HarperCollins, 2014. Cap. 3, "The Virgin Goddesses: Artemis, Athena, Hestia"; Cap. 4, "Artemis: Goddess of the Hunt and Moon, Competitor and Sister".

Bolen, Jean Shinoda. *Goddesses in Older Women.* Nova York: HarperCollins, 2001; edição de bolso, Nova York: Quill, HarperCollins, 2002.

____. *Gods in Everyman.* San Francisco: Harper & Row, 1989; edição de bolso, Perennial Library, 1990. Edição do 25º aniversário com nova Introdução, Nova York: Harper Collins, 2014.

____. *Like a Tree: How Trees, Tree People, and Women Can Save the Planet.* San Francisco: Conari Press, 2011.

____. *Ring of Power: The Abandoned Child, Authoritarian Father, and the Disempowered Feminine.* San Francisco: HarperSanFrancisco, 1992. Edição de bolso, York Beach, ME: Nicolas-Hays, 1999. Novo subtítulo: *Symbols and Themes, Love vs. Power in Wagner's Ring Cycle and in Us.*

____. *The Tao of Psychology: Synchronicity and the Self.* San Francisco: Harper and Row, 1999. Edição do 25º aniversário, Nova York: Harper One, 2004.

Brizendine, Louann. *The Male Brain.* Nova York: Broadway Books, 2010.

____. *The Female Brain.* Nova York: Broadway Books, 2006.

Chapman, Marina, com Vanessa James e Lynne Barrett-Lee. *The Girl with No Name.* Nova York: Penguin Books, 2013.

De Nonne, Donna e Tina Proctor. *Ophelia's Oracle: Discovering the Healthy, Happy, Self-Aware, and Confident Girl in the Mirror.* Golden, CO: Inlightened Source Publishing, 2009. Referência de e-mail de Donna DeNomme, citado com permissão.

De Waal, Frans. *The Age of Empathy: Nature's Lessons for a Kinder Society.* Nova York: Harmony Books, impresso por Crown Books, 2008.

Downing, Christine. *The Goddess: Mythological Images of the Feminine.* Nova York: Crossroad Press, 1981. "Artemis: The Goddess Who Comes from Afar", pp. 157-83; "And Now You, Aphrodite", pp. 186-213.

____. *Myths and Mysteries of Same-Sex Love.* Nova York: Continuum, 1991. "Same Sex Love Among the Goddesses", seções Artemis and Her Nymphs e The Sacrality of Sexuality, pp. 210-15.

Eisler, Riane. *The Chalice and the Blade.* San Francisco: HarperSan-Francisco, 1987.

Ensler, Eve. *In the Body of the World.* Nova York: Metropolitan Books, Henry Holt and Company, 2013.

Ehrenreich, Barbara. *Living with a Wild God: A Nonbeliever's Search for the Truth about Everything.* Grand Central Publishing, 2014.

Gimbutas, Marija. *The Godesses and Gods of Old Europe.* Berkeley e Los Angeles: University of California Press, 1982.

____. *The Language of the Goddess.* San Francisco: Harper and Row, 1989.

____. *The Civilization of the Goddess.* San Francisco: Harper and Row, 1991.

Gladwell, Malcolm. *David and Goliath: Underdogs, Misfits, and the Art of Battling Giants.* Nova York: Little, Brown, 2013.

____. *The Tipping Point: How Little Things Can Make a Big Difference.* Boston: Little, Brown, 2000.

Harding, M. Esther. *Woman's Mysteries: Ancient and Modern.* C. G. Jung Foundation for Analytical Psychology (1971). Nova York: Bantam Books, publicado mediante acordo com Bantam Books (Nova York, 1973). "The Virgin Goddess"; Shambala, pp. 102, 103, 125 (1990).

Jung, C. G. *Two Essays on Analytical Psychology,* 2ª ed. Traduzido por R. F. C. Hull. Bollingen Series 20, vol. 7, *in Collected Works of C. G. Jung.* Princeton, NJ: Princeton University Press, 1966.

Klinenberg, Eric. *Going Solo: The Extraordinary Rise and Surprising Appeal of Living Alone.* Nova York: Penguin Books, 2012.

Knox, Jean. *Archetype, Attachment, Analysis: Jungian Psychology and the Emergent Mind.* Londres: Routledge, 2003.

Le Shan, Lawrence. *Cancer as a Turning Point,* edição revista. Nova York: Plume, 1994, p. 23.

Marohn, Stephanie. *What the Animals Taught Me.* Charlotteville, VA: Hampton Roads Publishing Company, 2012.

Miller, Alice. *Prisoners of Childhood: The Drama of the Gifted Child and the Search for the True Self.* Nova York: Basic Books, 1981.

Neumann, Erich. *Amor and Psyche: The Psychological Development of the Feminine.* Traduzido do alemão por Ralph Manheim. Bollinger Series LIV. Nova York: Pantheon Books, 1956.

Pert, Candace P. *Molecules of Emotion.* Nova York: Scribner, 1997, pp. 107-11.

Sandberg, Sheryl. *Lean In: Women, Work, and the Will to Lead.* Nova York: Knopf, 2013.

Shannon, Lisa. *A Thousand Sisters: My Journey into the Worst Place on Earth to Be a Woman.* Prefácio de Zainab Salbi. Berkeley: Seal Press/Press/Perseus Books, 2010.

Shephard, Paul e Barry Sanders. *The Sacred Paw: The Bear in Nature, Myth, and Literature.* Nova York: Viking, 1985.

Singer, June. *Boundaries of the Soul: The Practice of Jung's Psychology.* Nova York: Doubleday, 1972.

Steinem, Gloria. *Revolution From Within.* Boston: Little, Brown and Company, 1992, p. 37.

Strayed, Cheryl. *Wild: From Lost to Found on the Pacific Crest Trail.* Nova York: Knopf, 2012.

Switzer, Katherine. *Marathon Woman.* Nova York: Carroll & Graf Publishers, 2007.

Walker, Alice e Pratibha Parmar. *Warrior Marks: Female Genital Mutilation and the Blinding of Women.* San Diego, CA: Harcourt, 1993. *Warrior Marks.* Filme de Pratibha Parmar, 1993.

Willams, Terry Tempest. "Undressing the Bear", *in An Unspoken Hunger: Stories from the Field.* Nova York: Vintage, 1995.

Yousafzai, Malala. *I Am Malala: The Girl Who Stood Up for Education and Was Shot by the Taliban.* Boston: Little Brown, 2013.

PUBLICAÇÕES

Als, Hilton. "Bedime Stories: Stephen Sondhiem and James Lapine's Take on Children's Literature", *The New Yorker,* 27 de agosto de 2012.

Artigo da redação (reportagem de capa não atribuída). "Gendercide: The Worldwide War on Baby Girls", *The Economist*, 8-12 de março de 2010, pp. 13, 77-80.

Babu, Chaya. "Girls Choose Better Names", relatado de Mumbai, Índia, pela Associated Press, *San Francisco Chronicle*, 23 de outubro de 2011.

Baker, Aryn. "Malala Yousafzai, No. 2 Person of the Year", revista *Time*, 31 de dezembro de 2012-7 de janeiro de 2013.

Brenner, Marie. "The Target" (sobre Malala Yousafzai), *Vanity Fair*, abril de 2013.

Deresiewicz, William. "A Man. A Woman. Just Friends?", *The New York Times*, 8 de abril de 2012.

Gottlieb, Lori. "The Egalitarian-Marriage Conundrum", *The New York Times Magazine*, 9 de fevereiro de 2014.

Htun, Malan e S. Laurel Weldon. "The Civic Origins of Progressive Policy Change: Combating Violence against Women in Global Perspective, 1975-2005", *American Political Science Review*, agosto de 2012.

King, Karisa. "Twice Betrayed", *San Antonia Express News*. Investigação de sete meses sobre agressão sexual nas forças armadas; série em três partes publicada no *San Francisco Chronicle*, início em 19 de maio de 2013.

Klinenberg, Eric. "Living Alone is the New Norm", revista *Time*, 11 de março de 2013.

Newton-Small, Jay. "The Last Politicians", revista *Time*, 28 de outubro de 2013.

Osnos, Evan. “Strong Vanilla: The Relentless Rise of Kirsten Gillibrand”, *The New Yorker,* 16 de dezembro de 2013, pp. 40-5.

Robinson, Roger. “Women’s Running Pioneers: Kuscsik, Gorman Honored”, *Runner’s World,* 18 de outubro de 2012.

____. “Courageous Persistence”, *Running Times,* 12 de outubro de 2012.

Schulz, Connie. “Three Cheers for Pippi!”, revista *Parade*, 24 de fevereiro de 2013, p.12.

Schwartz, John. “Candace Pert, 67, Explorer of the Brain, Dies”, *The New York Times,* seção de ciência, 19 de setembro de 2013.

Scott, A. O. e Manohla Dargis. “A Radical Female Hero From Dystopia”, *The New York Times,* 8 de abril de 2012. Sobre Katniss Everdeen em *Jogos Vorazes.*

Singer, Sally. “Safe at Home: Having Survived a Brutal Sexual Attack, Lara Logan Remains a Tenacious Journalist”, *Vanity Fair,* fevereiro de 2012, p. 161 ss.

Stein, Joel. “Pixar’s Girl Story”, revista *Time*, 5 de março de 2012, pp. 37-41. Sobre princesa Merida em *Valente.*

Steinem, Gloria. “Our Revolution Has Just Begun”, revista *Ms.*, inverno/primavera de 2014.

Talbot, Margaret. “Gone Girl”, *The New Yorker,* 21 de outubro de 2013. Sobre o rapto de Elizabeth Smart e referência a duas outras garotas que escaparam dos sequestradores e escreveram livros sobre o drama.

Taylor, S. E., L. C. Klein, B. P. Lewis, R. A. R. Gurung, T. L. Gruenewald, e J. A. Updegraff. "Female Response to Stress: Tend and Befriend, Not Flight or Fight", *Psychological Review,* 2000, pp. 411-29.

Tjaden, Patricia e Nancy Thoennes. "Full Report of the Prevalence, Incidence, and Consequences of Violence Against Women: Findings from the National Violence Against Women Survey", U. S. Department of Justice, National Institute of Justice/Centers for Disease Control, julho de 2000, publicação 183781.

____. "Extent, Nature, and Consequences of Intimate Partner Violence: Findings from the National Violence Against Women Survey", U. S. Department of Justice, National Institute of Justice/ Centers for Disease Control, julho de 2000, publicação 181867.

Winnicott Studies, Issue 9. Laurence Spurling, org. Publicado pela Squiggle Foundation, Londres: Karnac, 1994. Sobre a ideia de "mãe boazinha", de Donald Winnicott.

World Development Report 2012. Publicação do World Bank. Citado por Jeni Klugman.

REFERÊNCIAS *ON-LINE*

Bagby, Rachel. "I am a Full Woman", videotape. *http://vimeo.com.*

Butler, Charles. "40 Years Ago, Six Women Changed Racing Forever", *Runner's World,* 19 de outubro de 2012. *www.runnersworld.com.*

Danu, Elizabeth. *www.theliberationofpersephone.com.*

Brave. Disney-Pixar Movies, 2012. *www.movies.disney.com.*

Fonte de informação e documentários sobre ursas, mães ursas e filhotes em hibernação. *www.covebear.com.*

Huffington, Arianna. "Sarah Palin, 'Mama Grizzlies', Carl Jung, and the Power of Archetypes", postado em 1º de agosto de 2010. *www.huffingtonpost.com.*

The Invisible War. Documentário sobre agressões sexuais nas forças armadas dos Estados Unidos. Escrito e dirigido por Kirby Dick, produzido por Amy Ziering e Tanner King Barklow, 2012. *http://invisiblewarmovie.com.*

"One Horse Standing", versão do cântico "Bear Metamorphosis". *www.onewhitehorsestanding.com.*

Stolfus, Helen. "Send Word, Bear Mother", documentário. Coprodução e direção, Lynn Feinerman. *www.bearmother.com.*

Sloane, Matt, Jasson Hanna e Dana Ford. "Never, ever give up: Diana Nyad completes historic Cuba-to-Florida swim". CNN World, 3 de setembro de 2013.

Theoi, mitologia grega. *www.theoi.com.*

Women For Women International: Helping Women Survivors of War Rebuild Their Lives. *http://www.womenforwomen.org.*

POESIA E MÚSICA

Bagby, Rachel. "I am a Full Woman", CD, 1993.

Broumas, Olga. "Artemis", de *Beginning with O.* New Haven e Londres: Yale University Press, 1977.

Piercy, Marge. "The Perpetual Migration", de *The Moon Is Always Female.* Nova York: Knopf, 1980, pp. 96-97.

Rilke, Rainer Maria. *Book of Hours: Love Poems to God, (Widening Circles", 1, 2).* Trad. de Anita Barrows e Joanna Macy. Nova York: Riverhead Books, impresso por Penguin Group (USA) Inc., 1996.